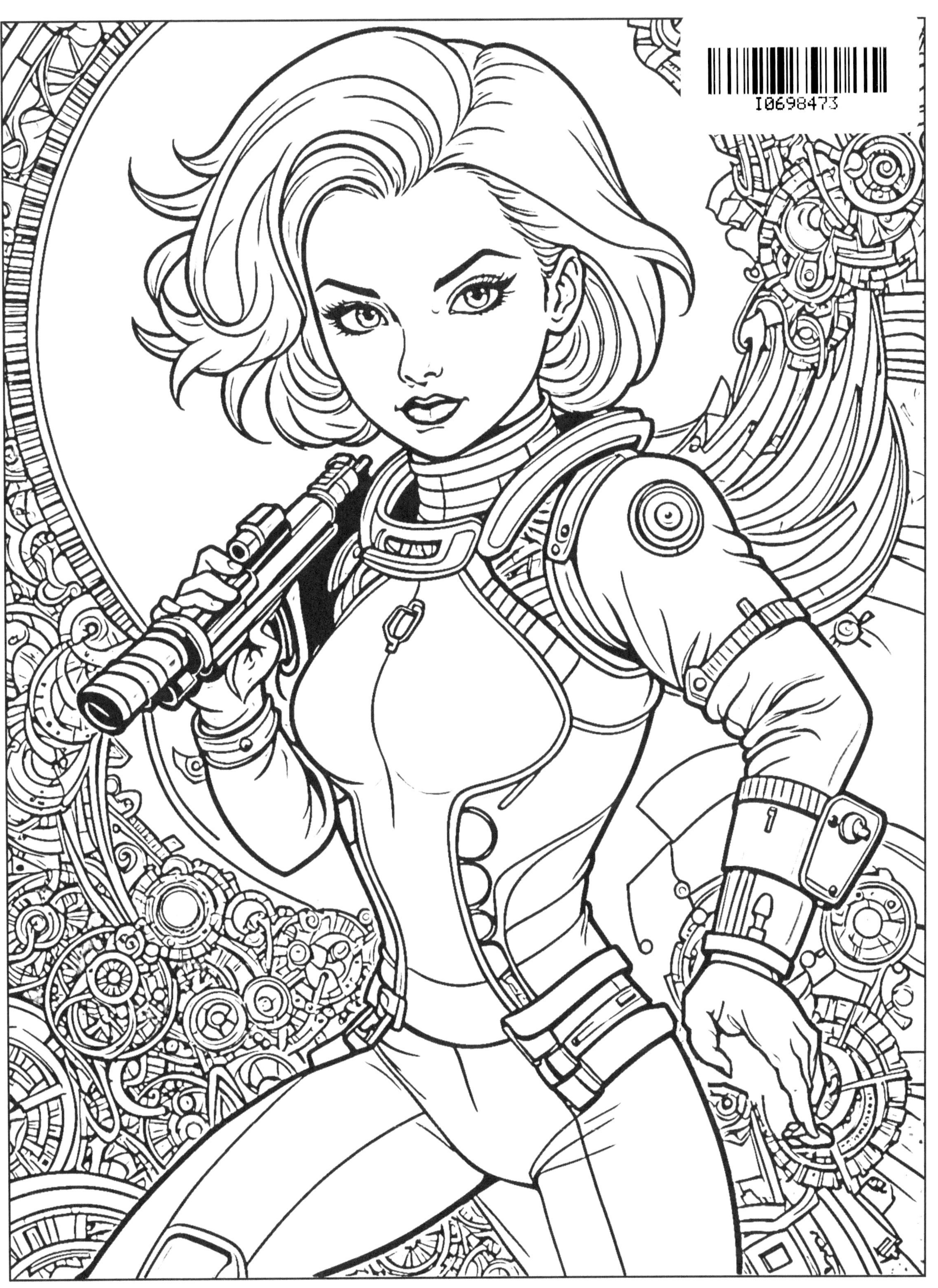
I0698473

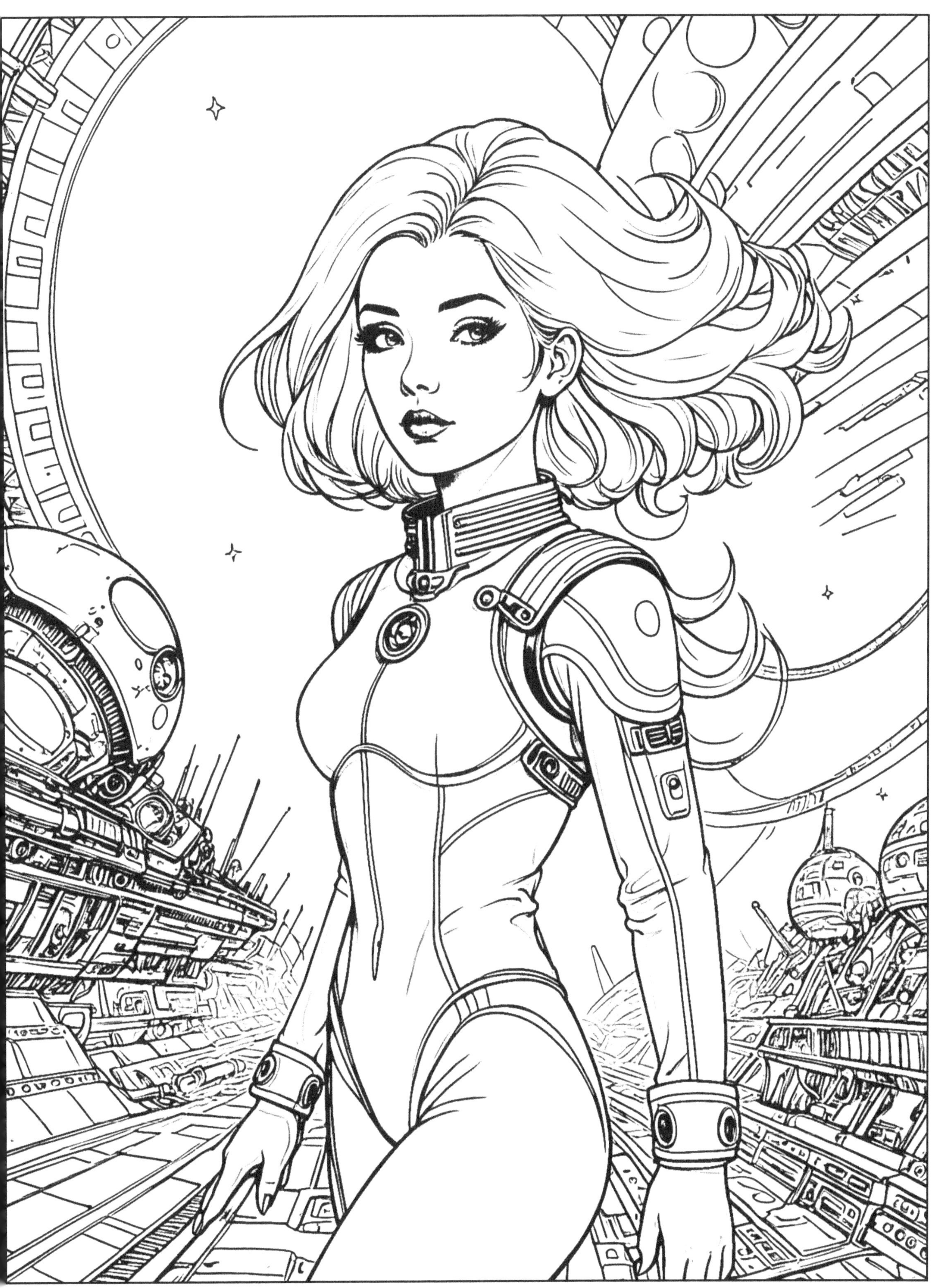

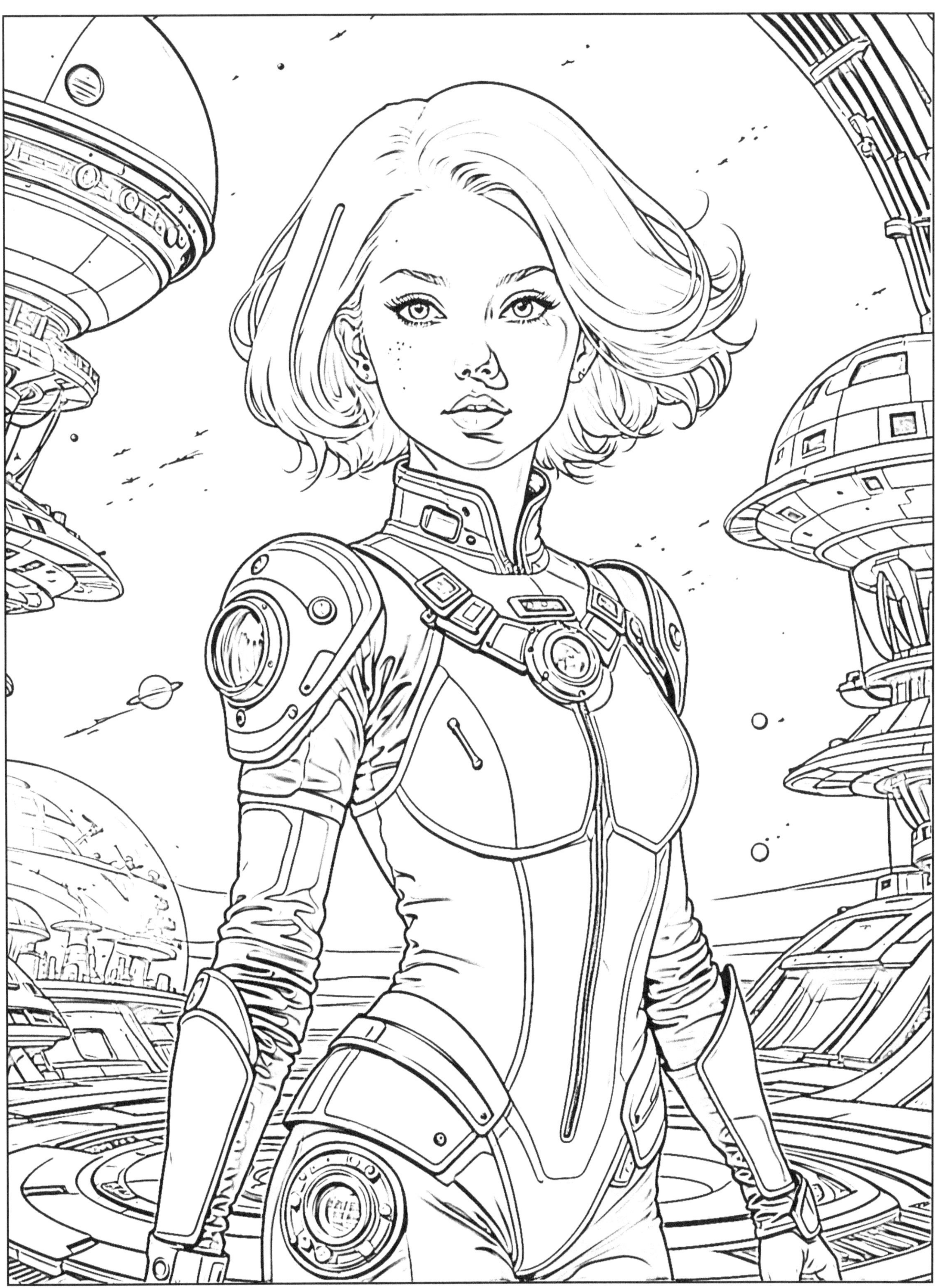

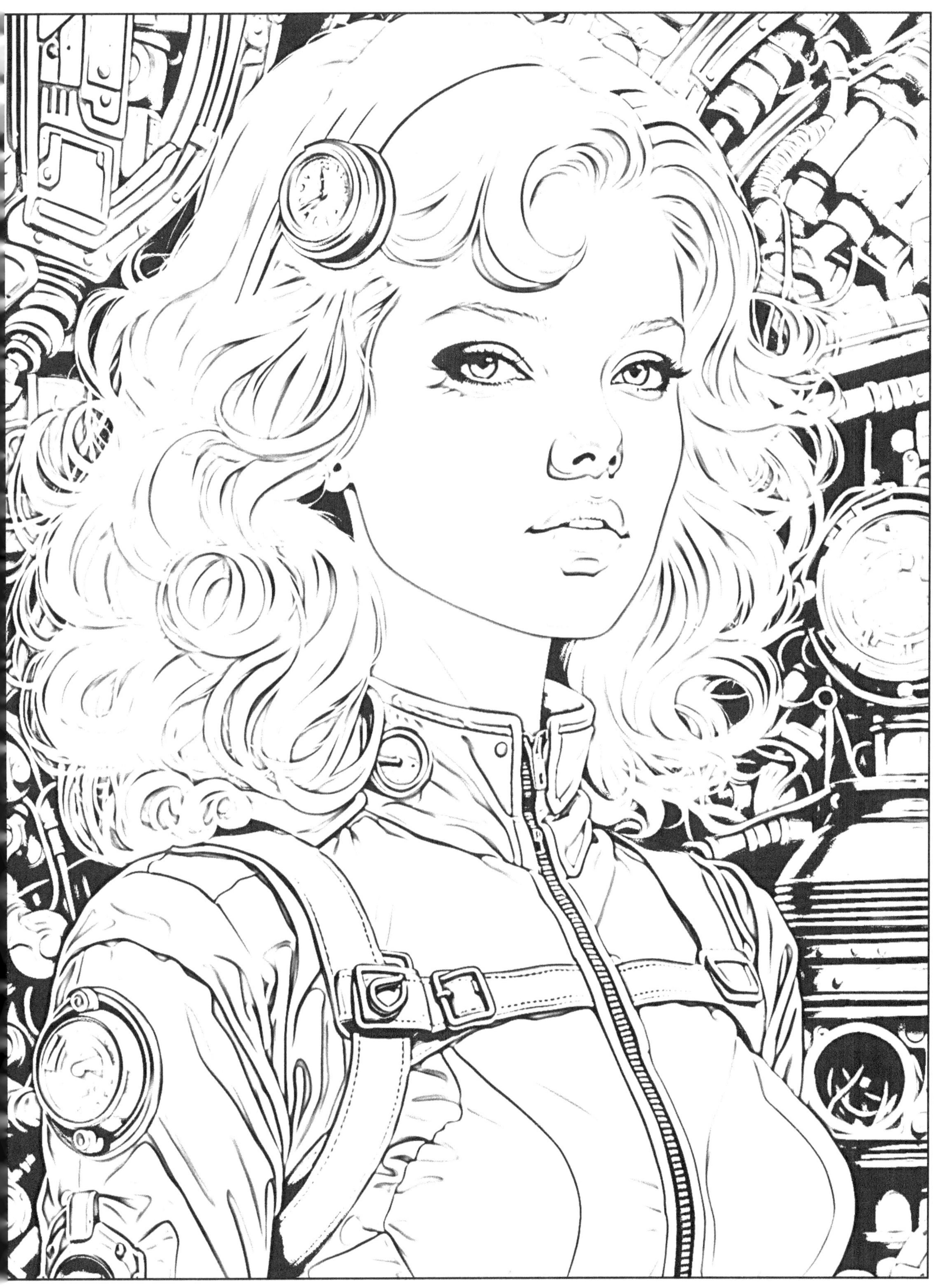

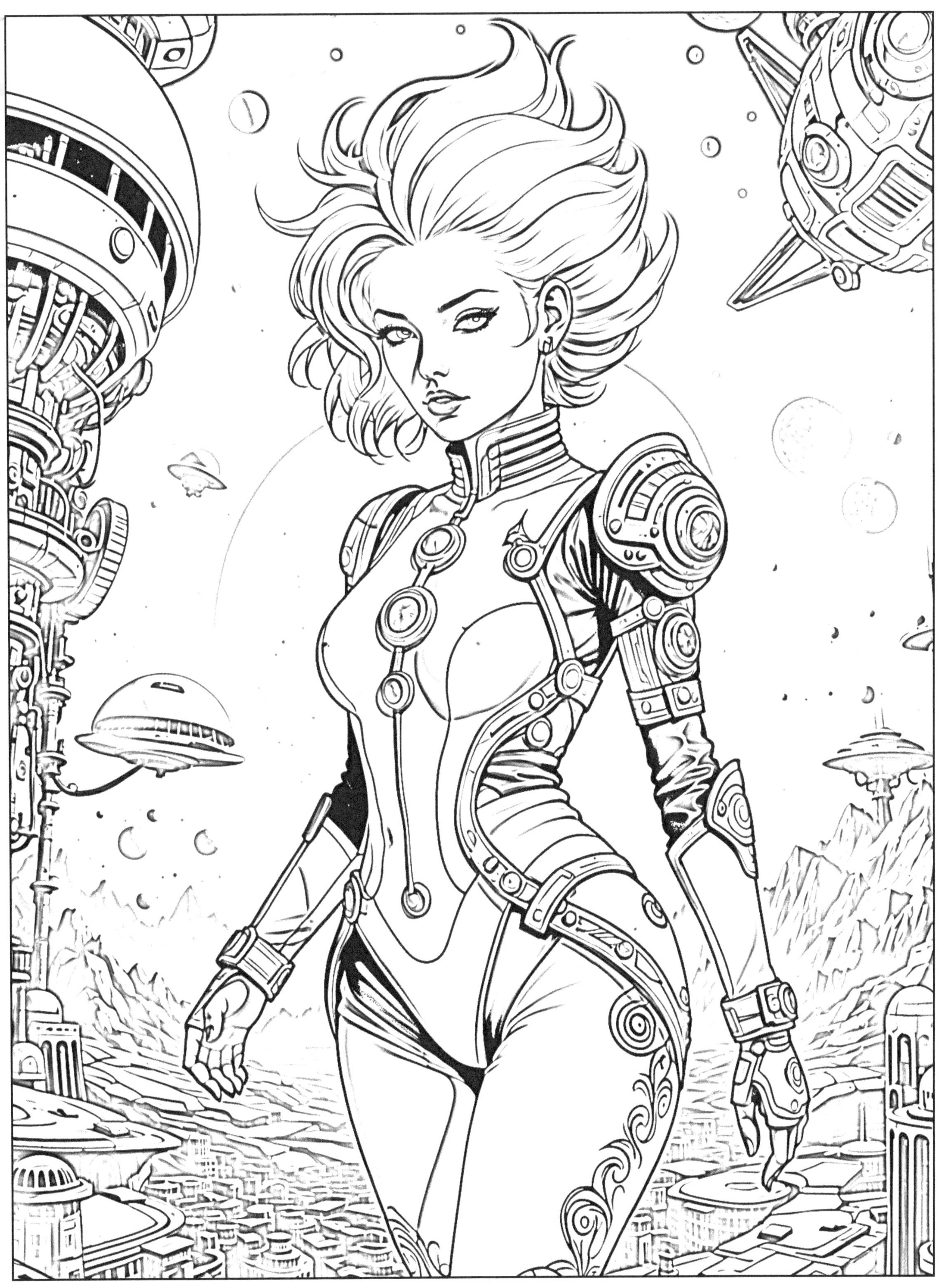

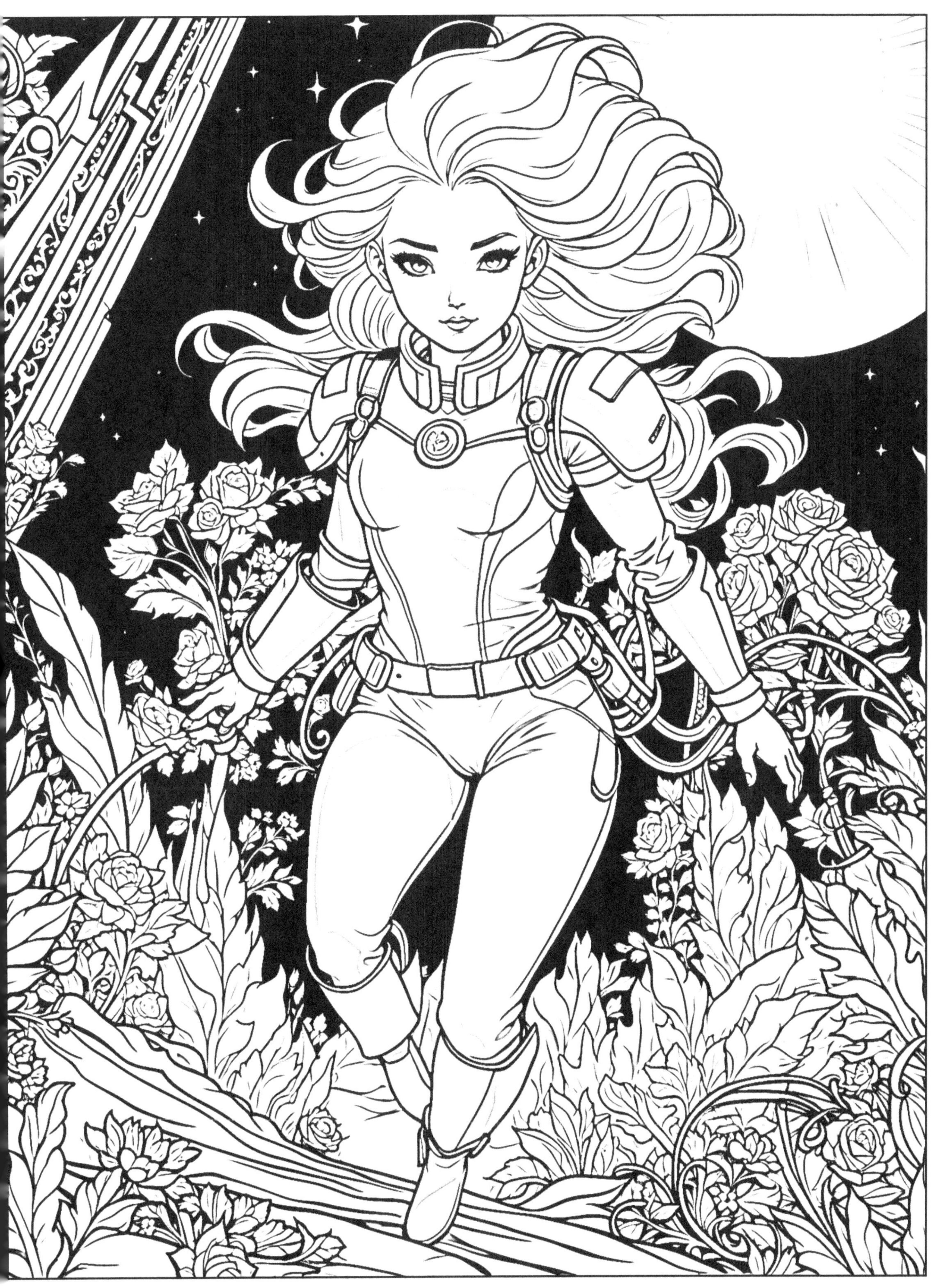

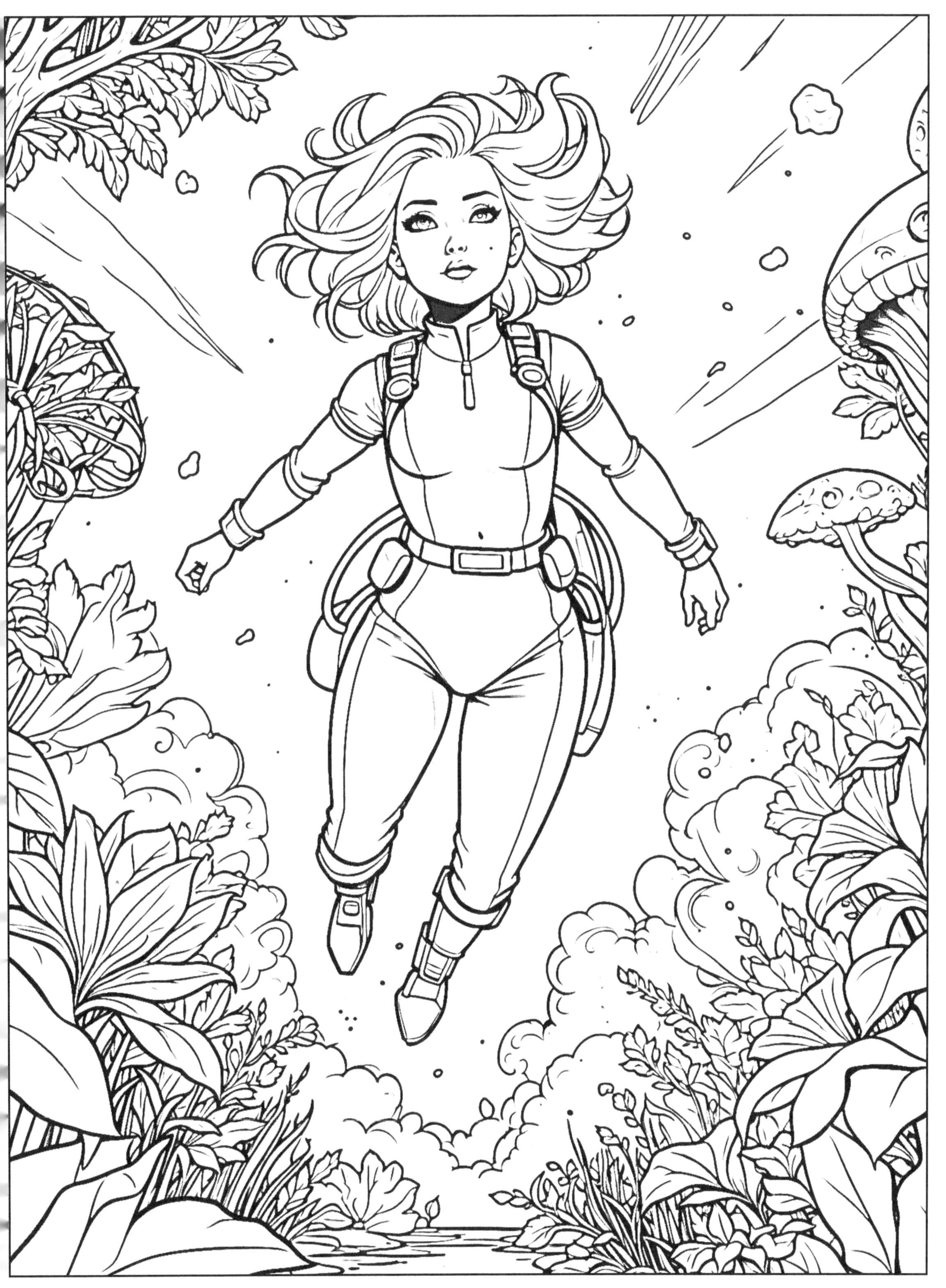

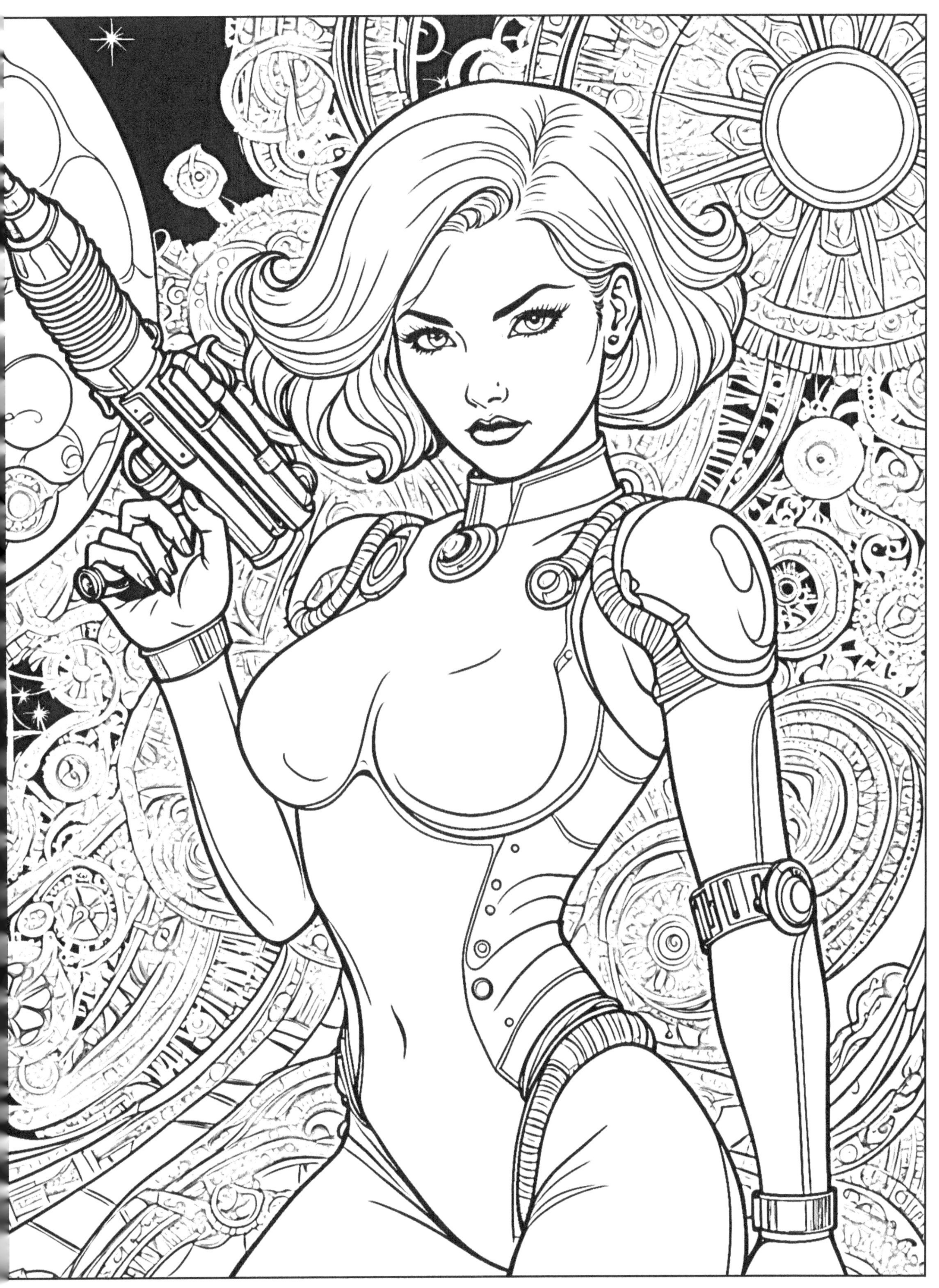

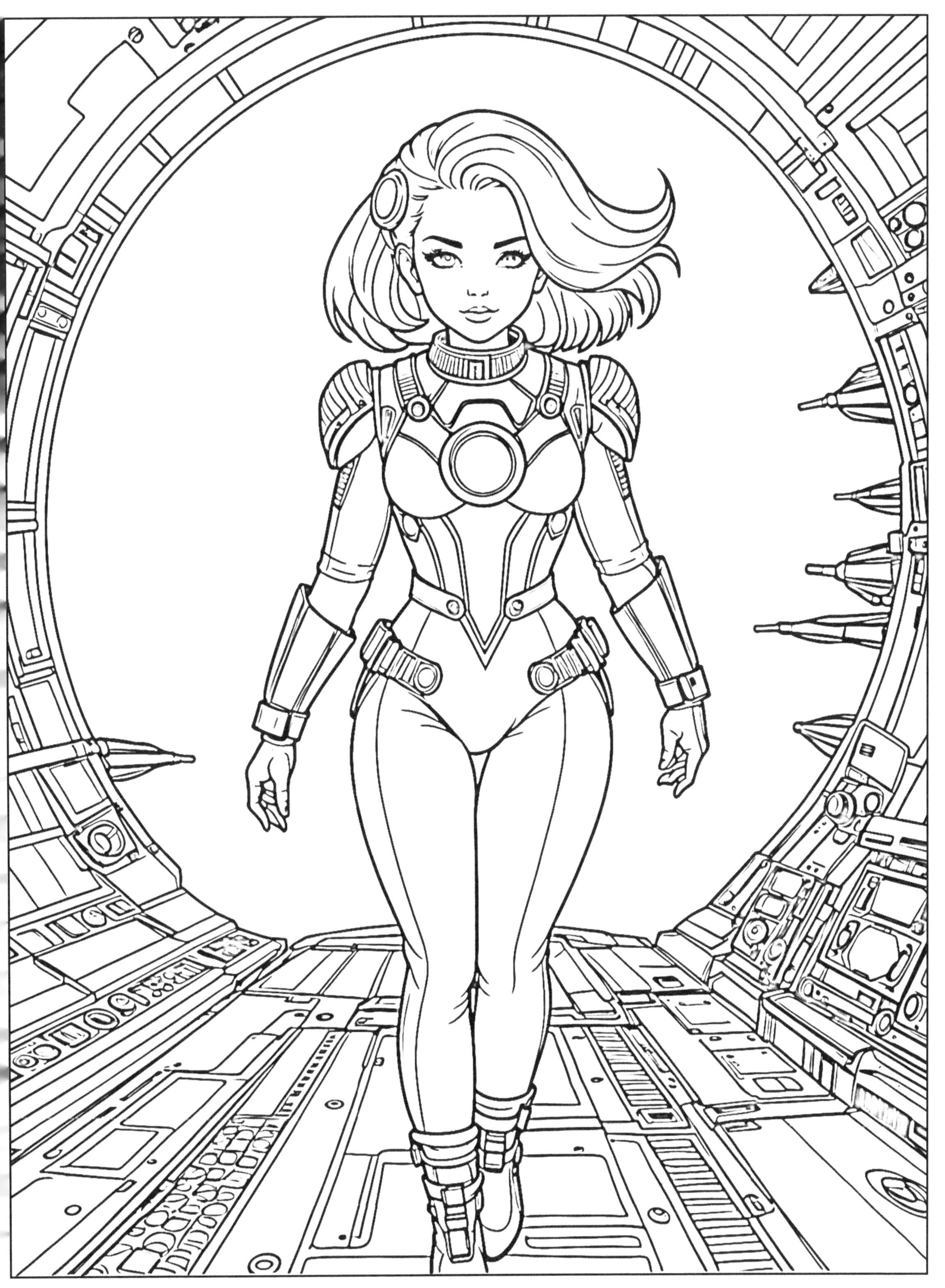

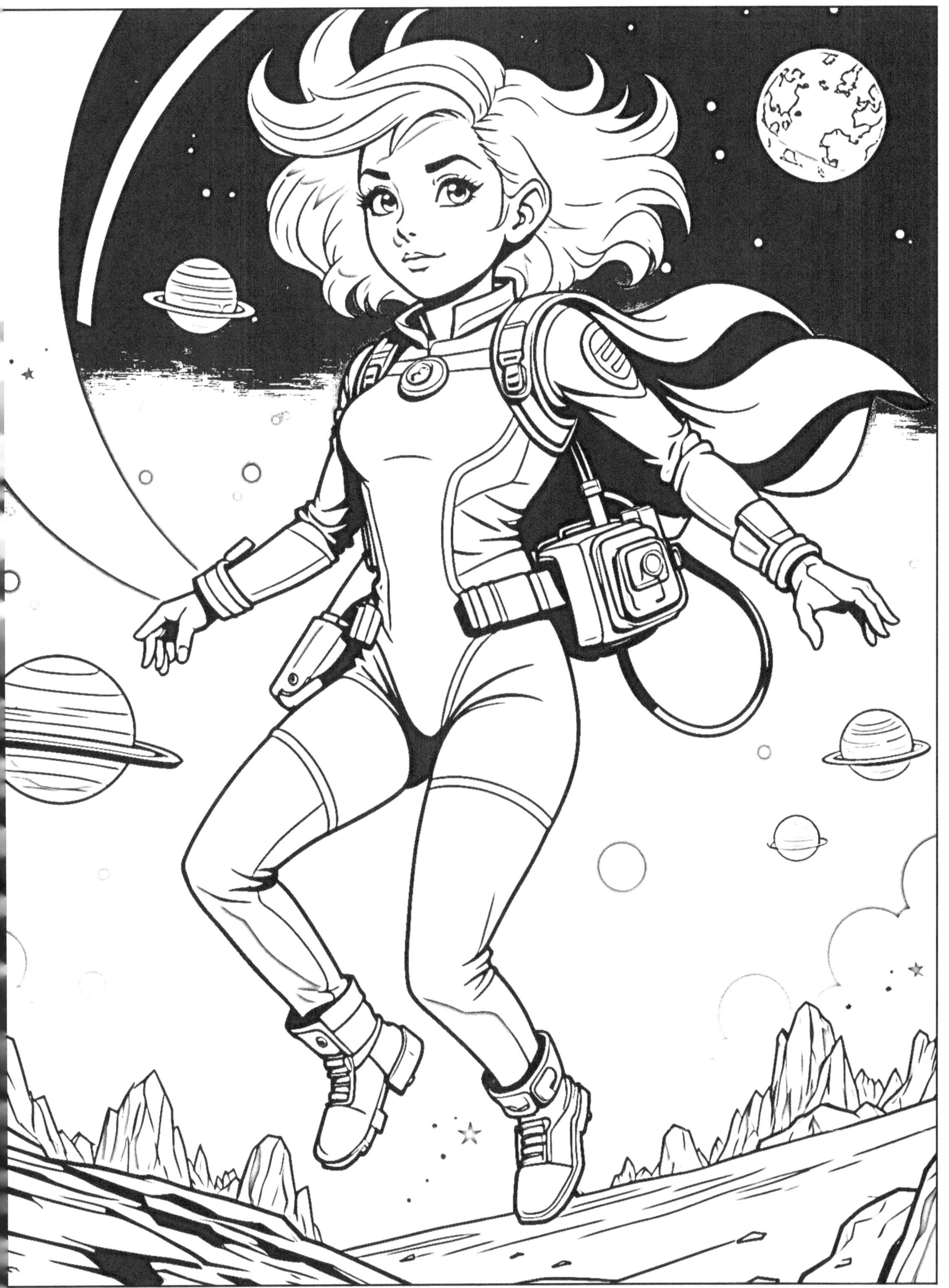

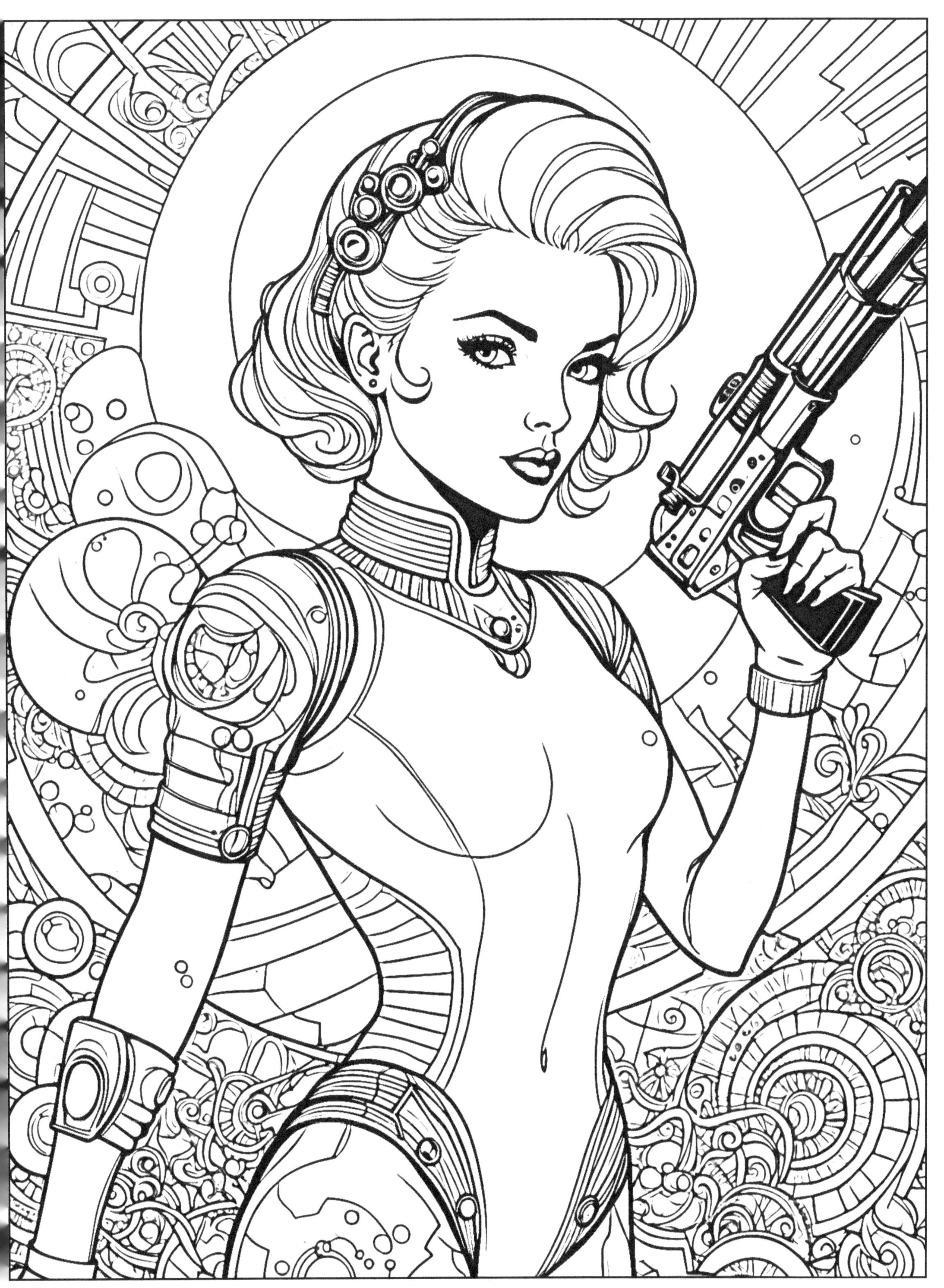

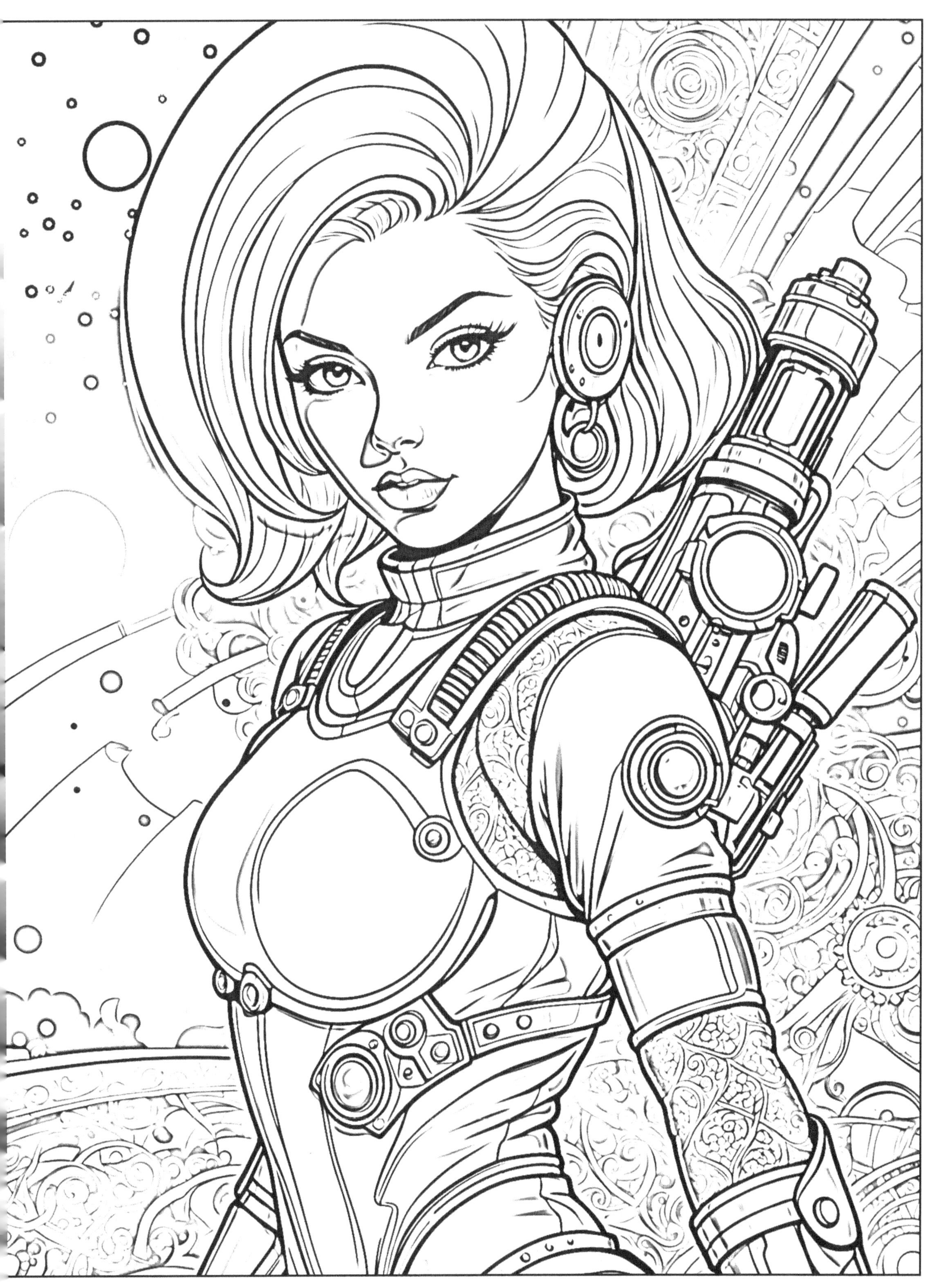

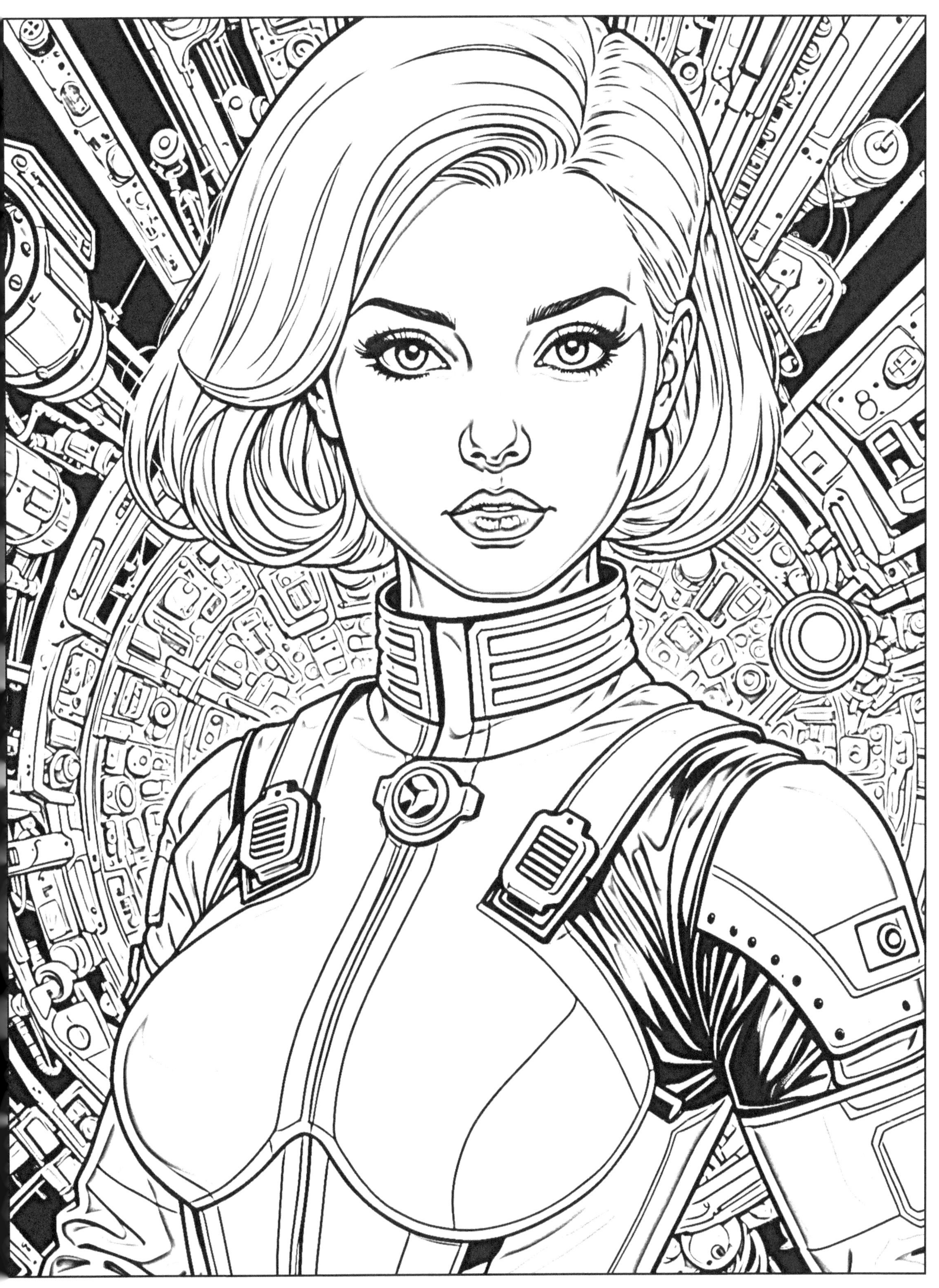

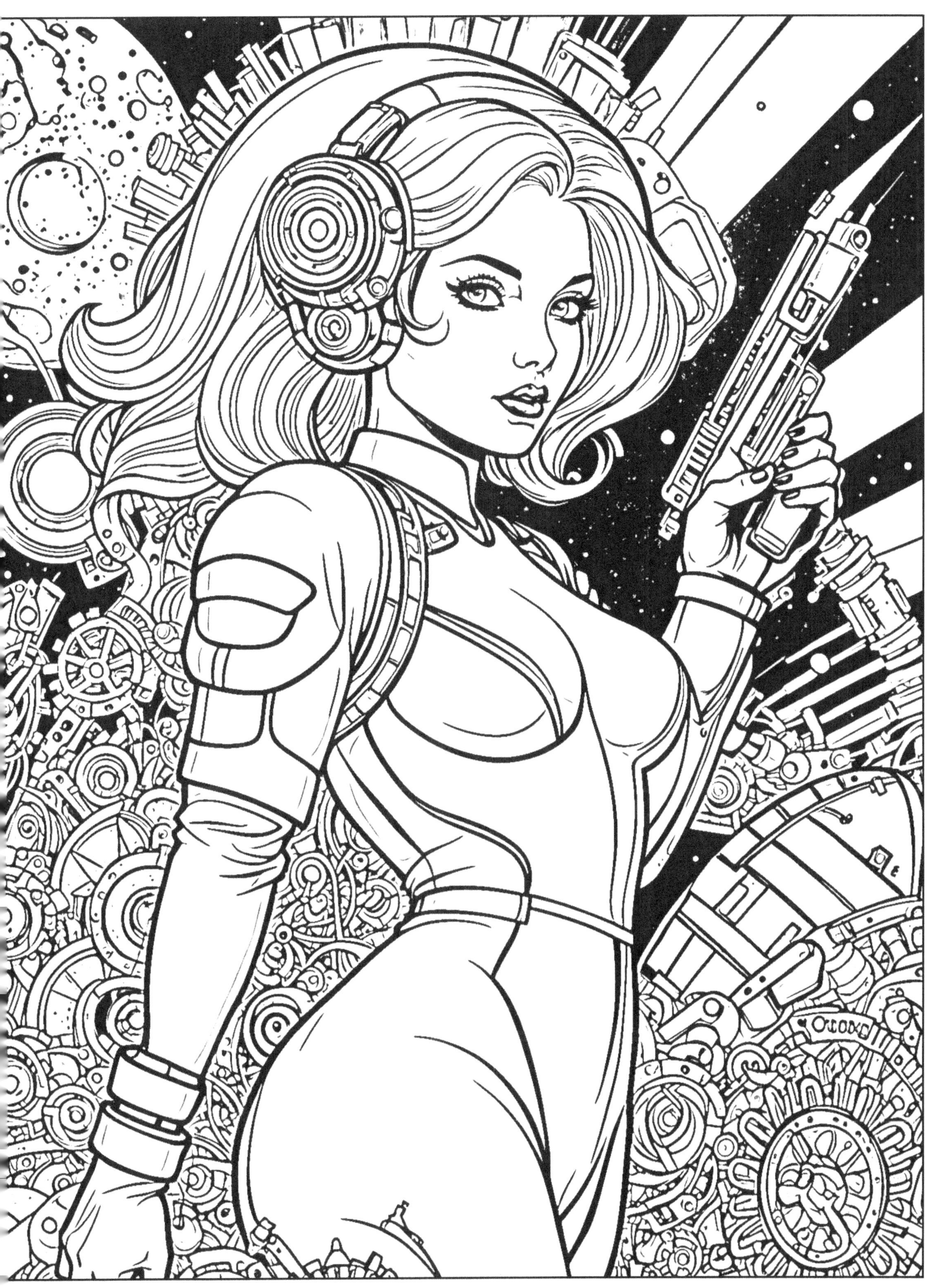

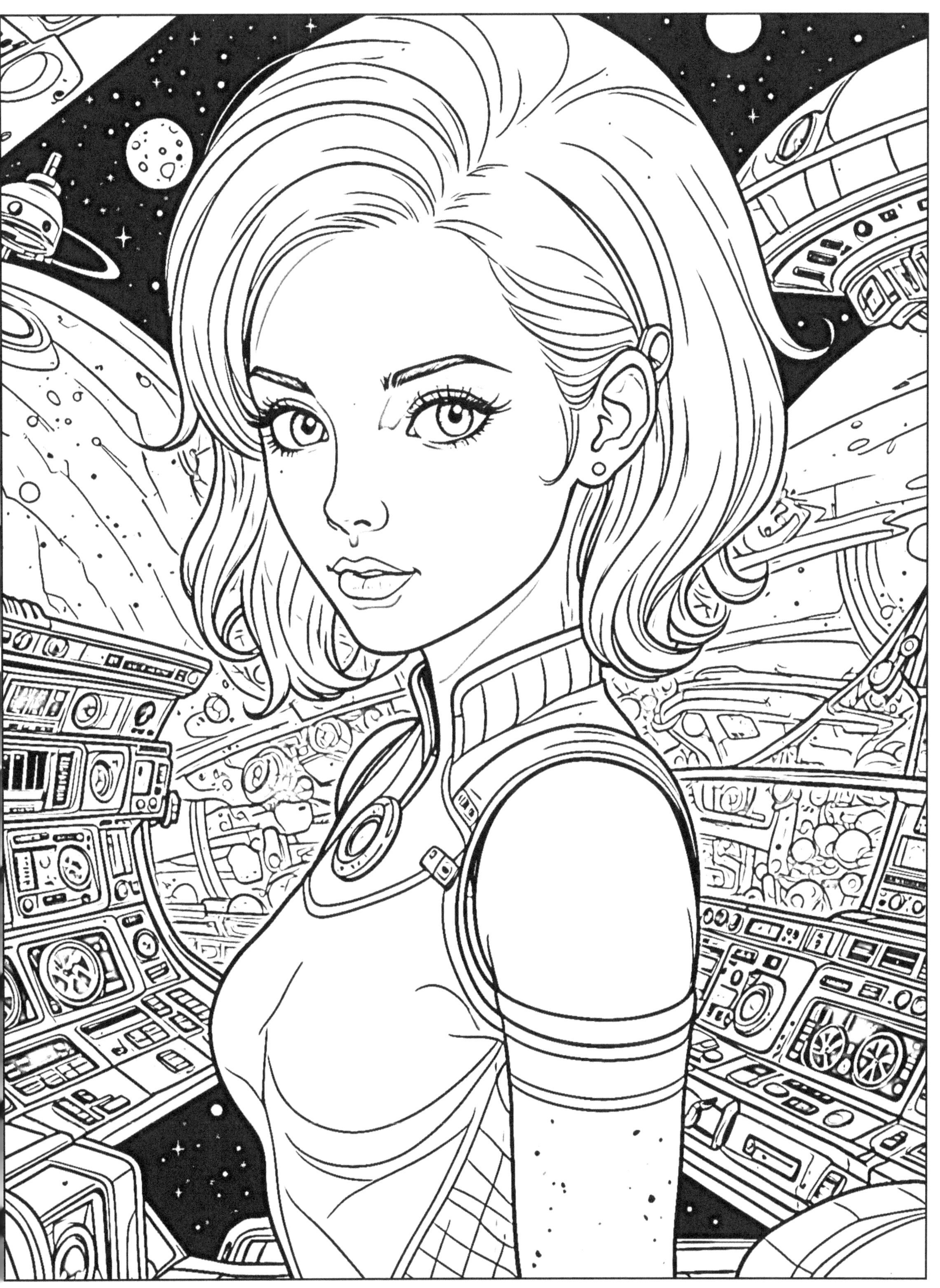

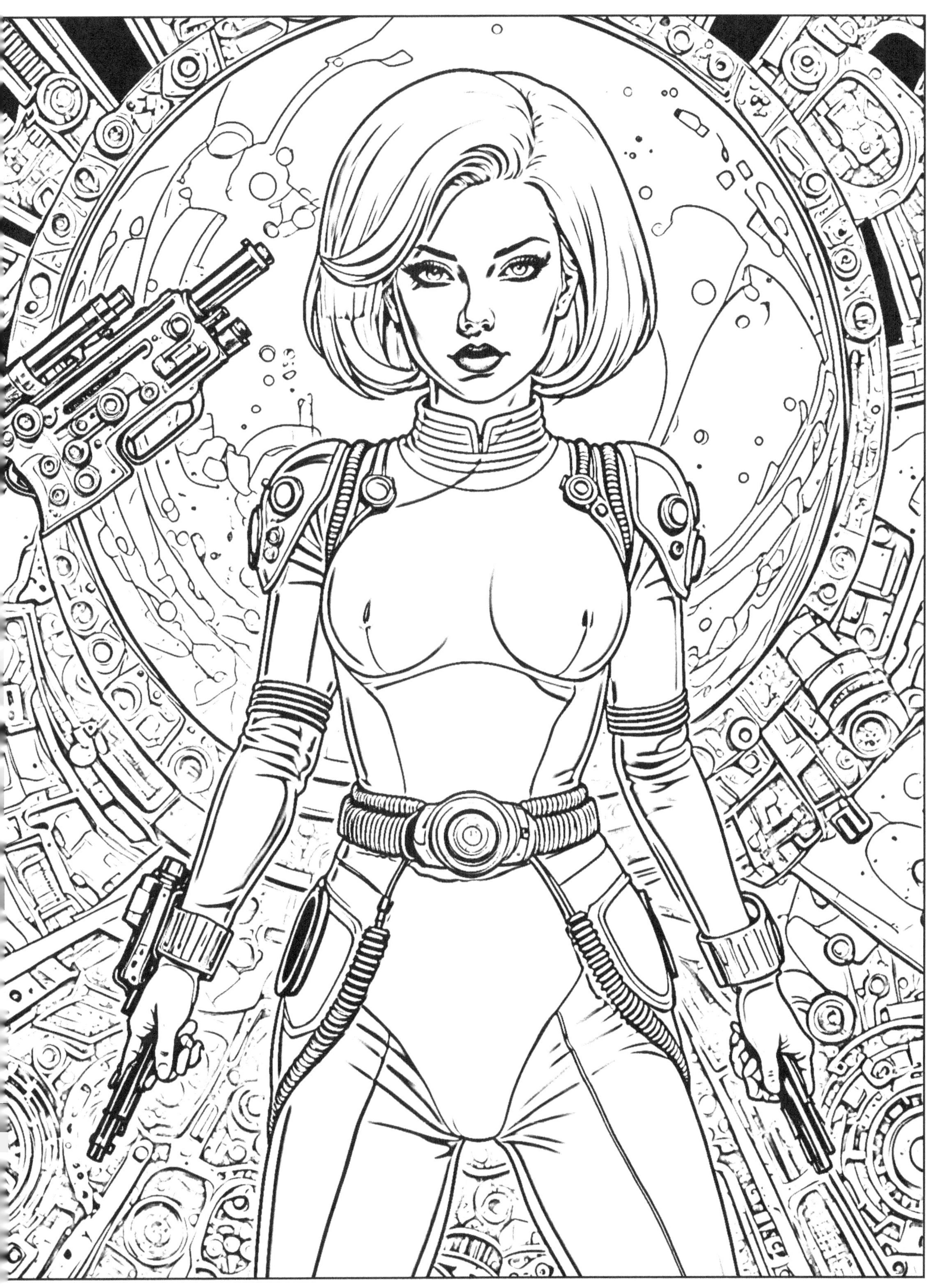

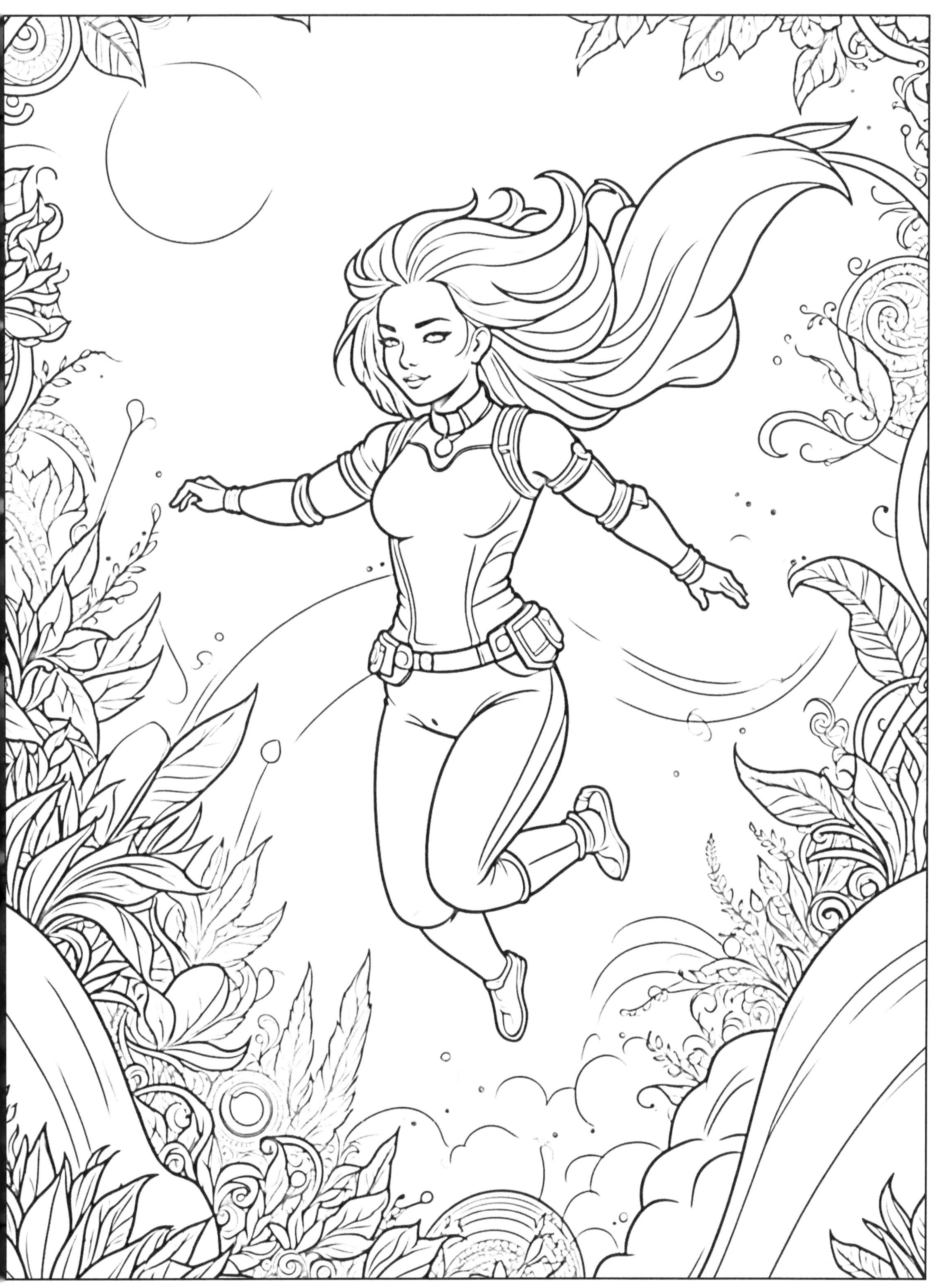

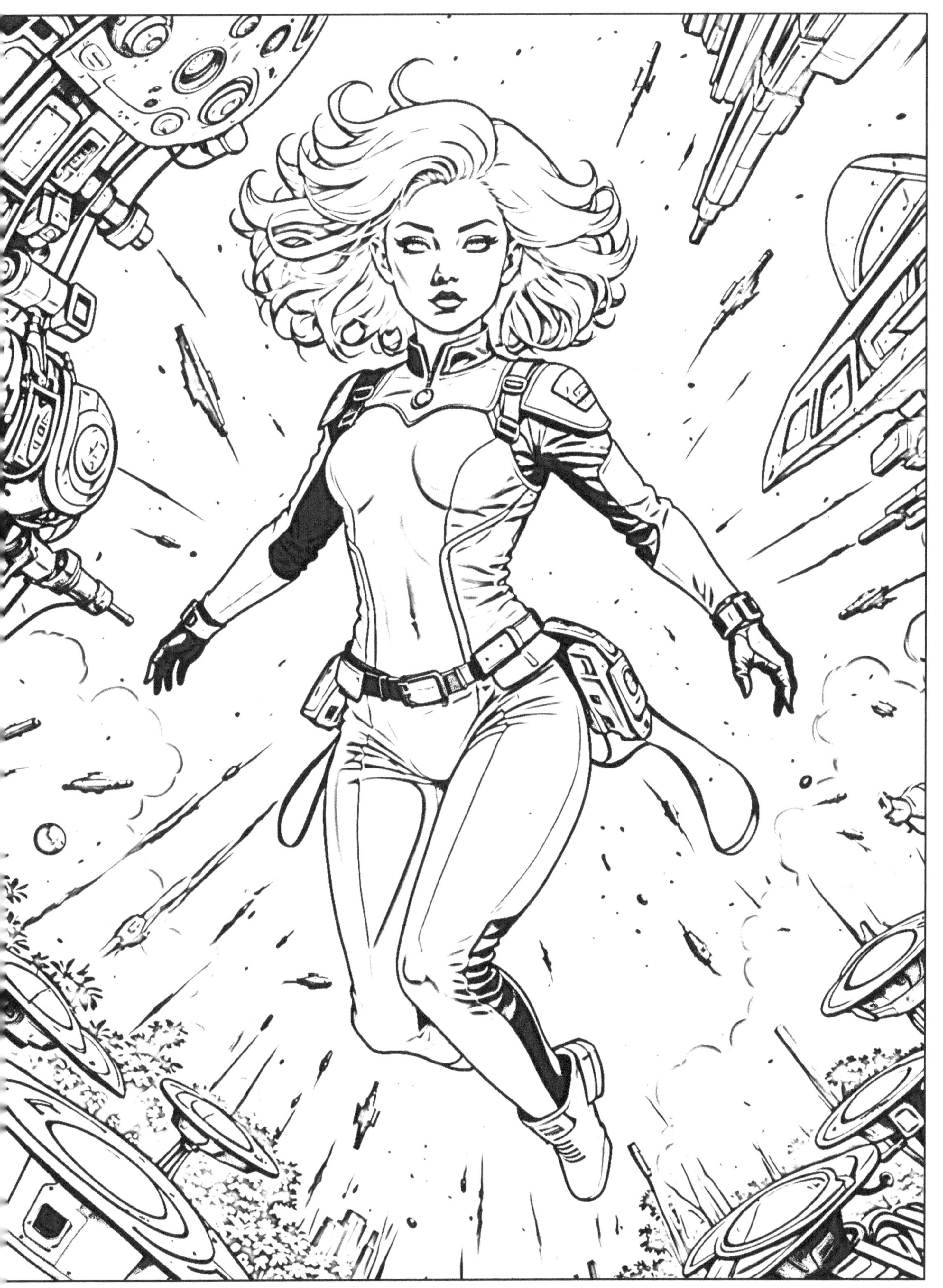

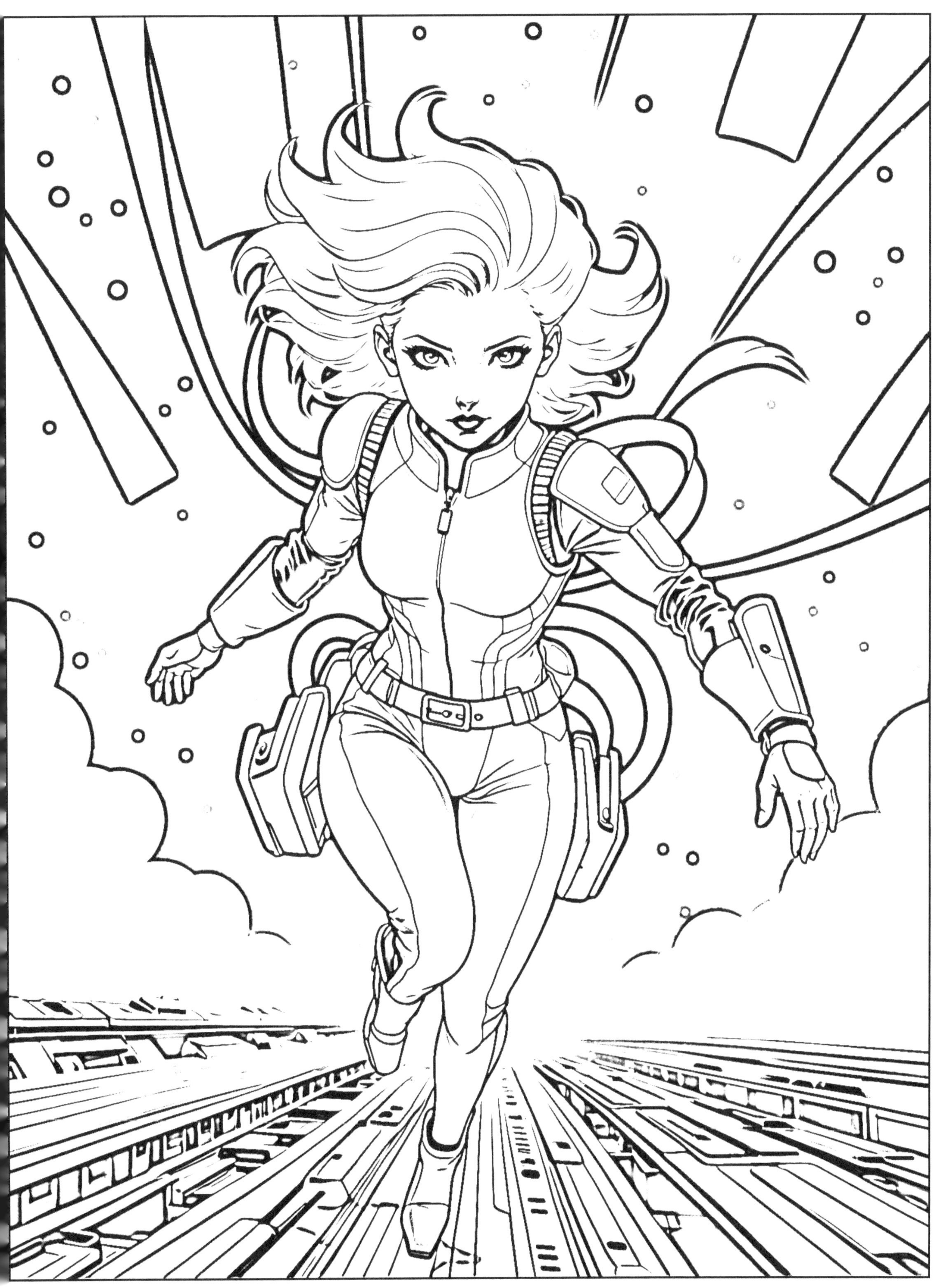

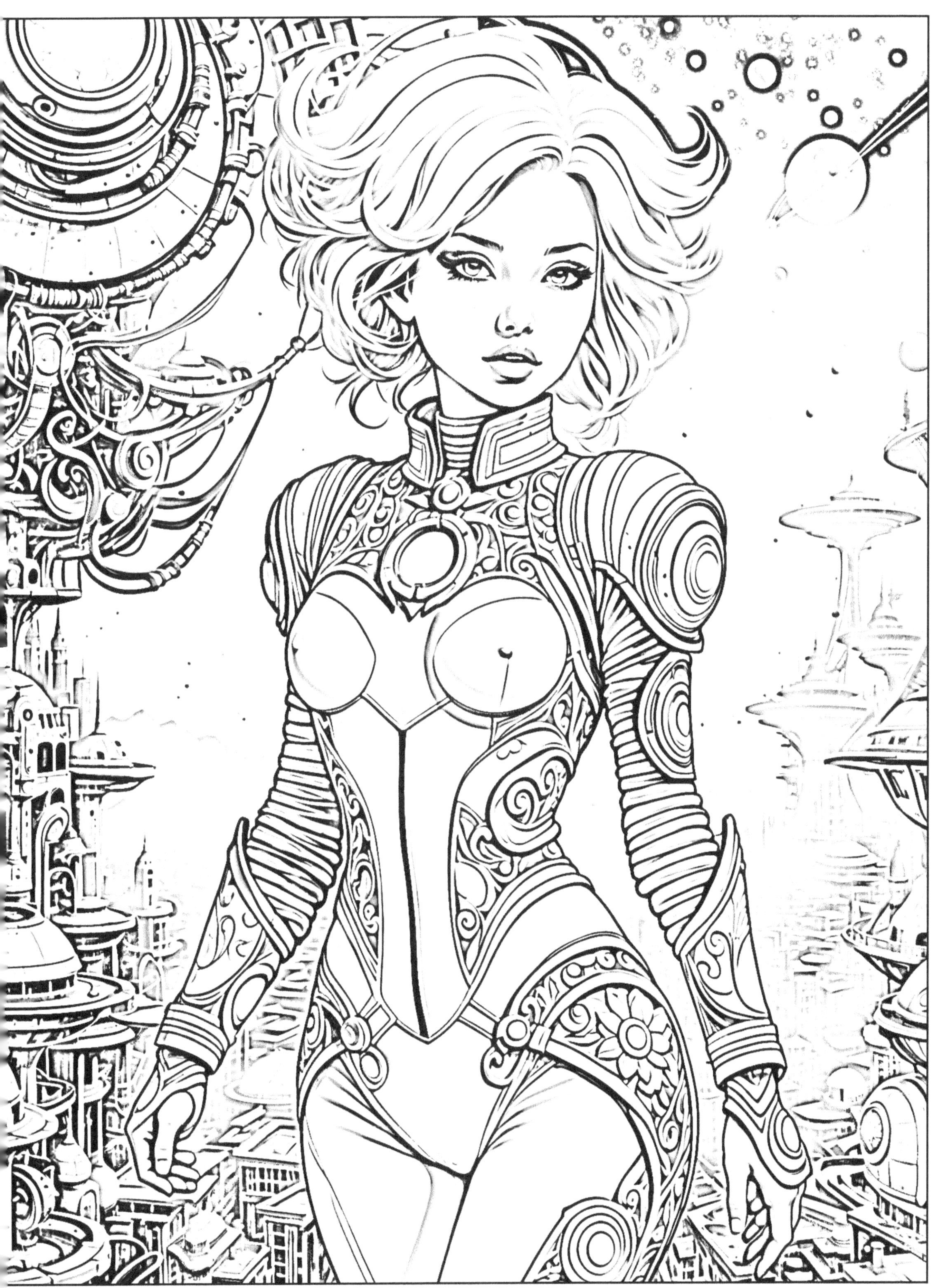

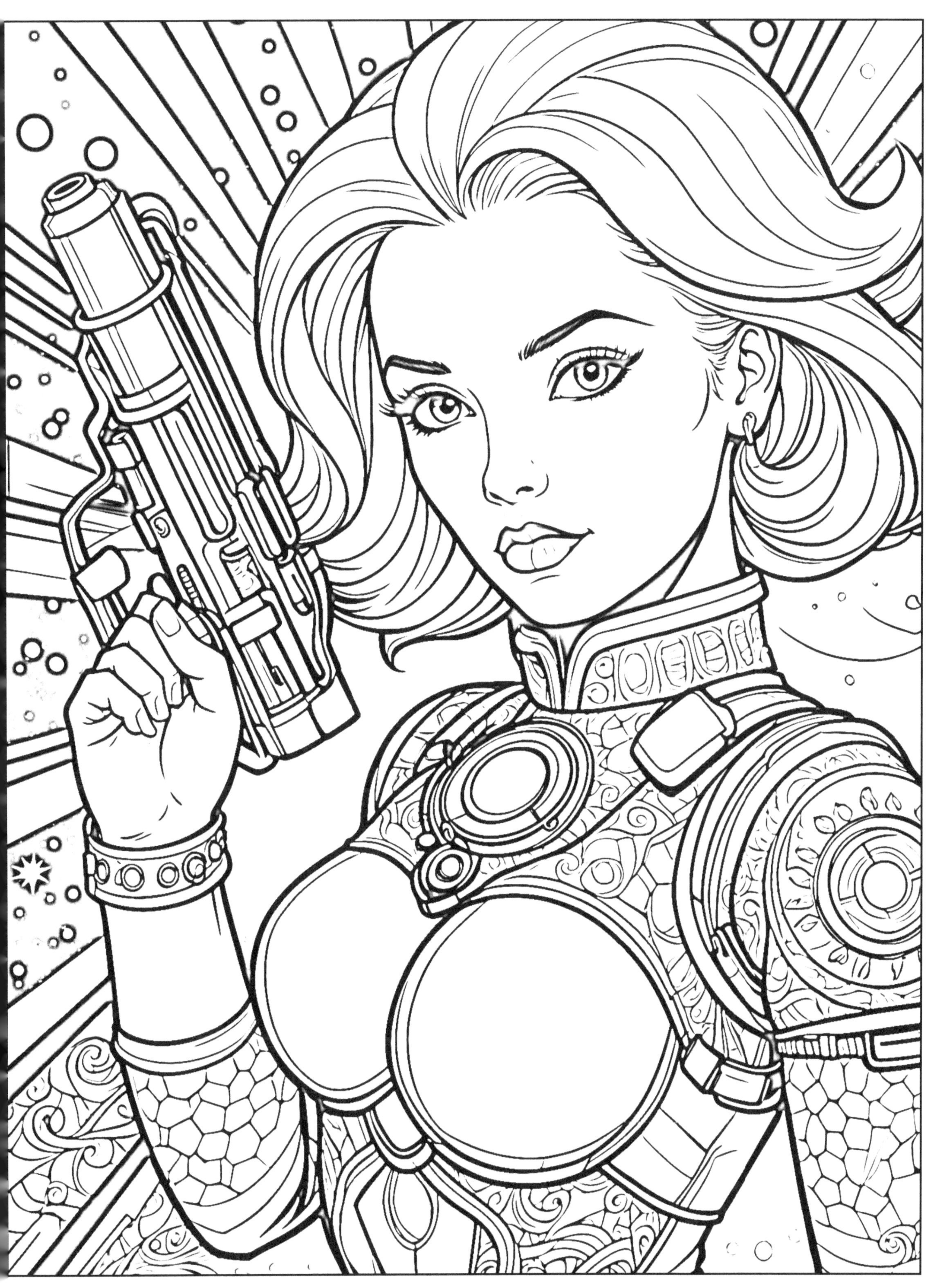

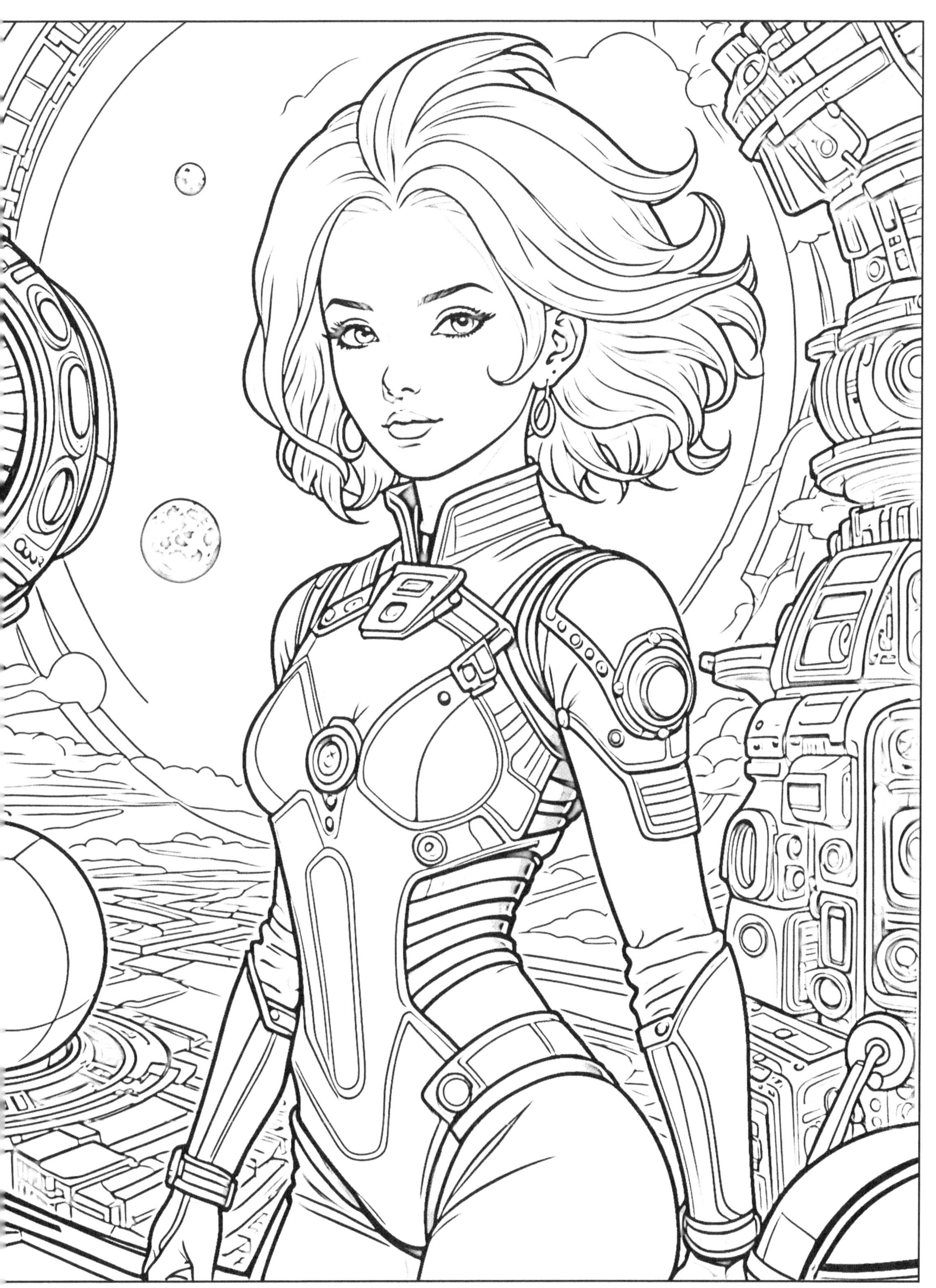

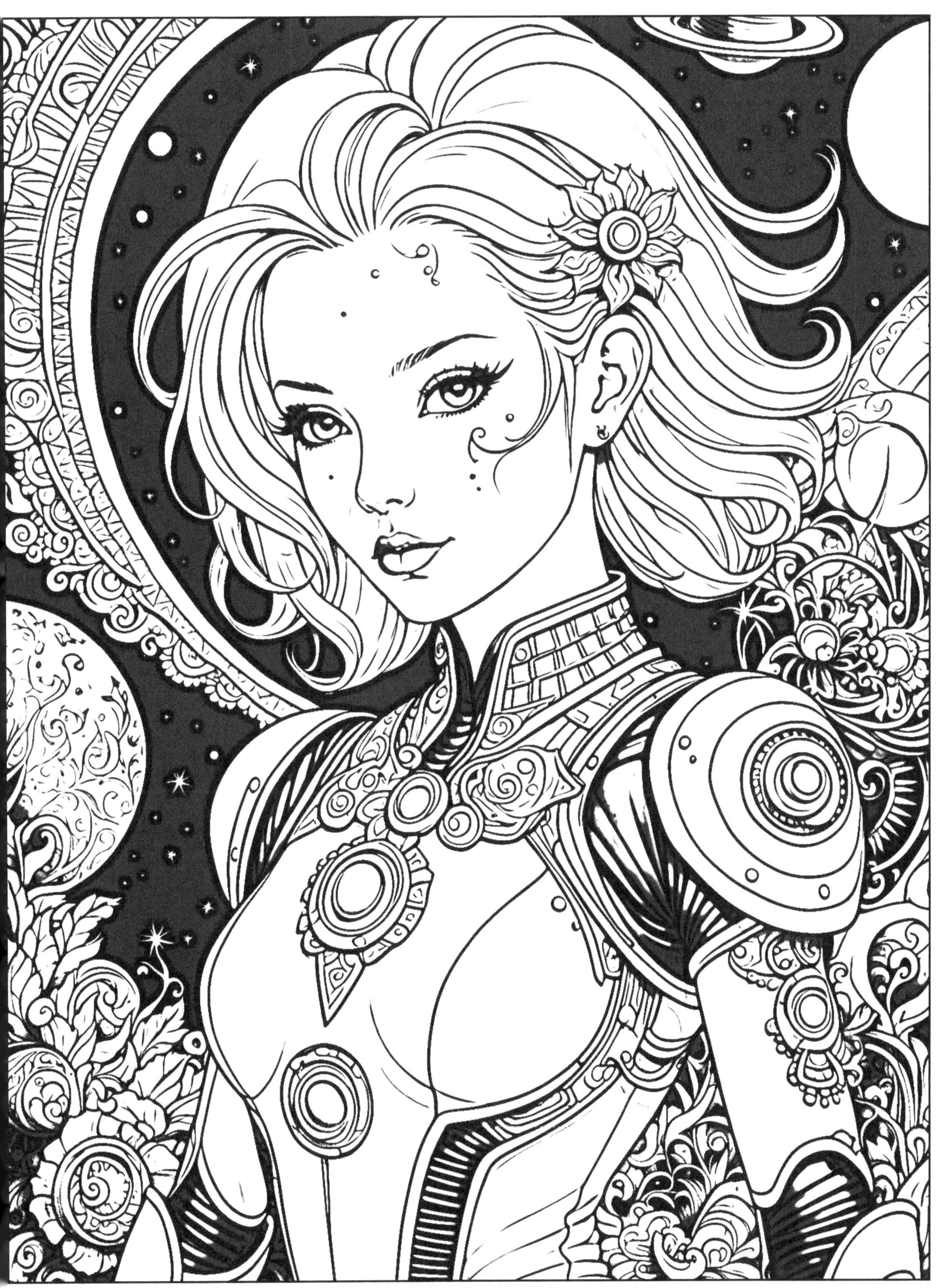

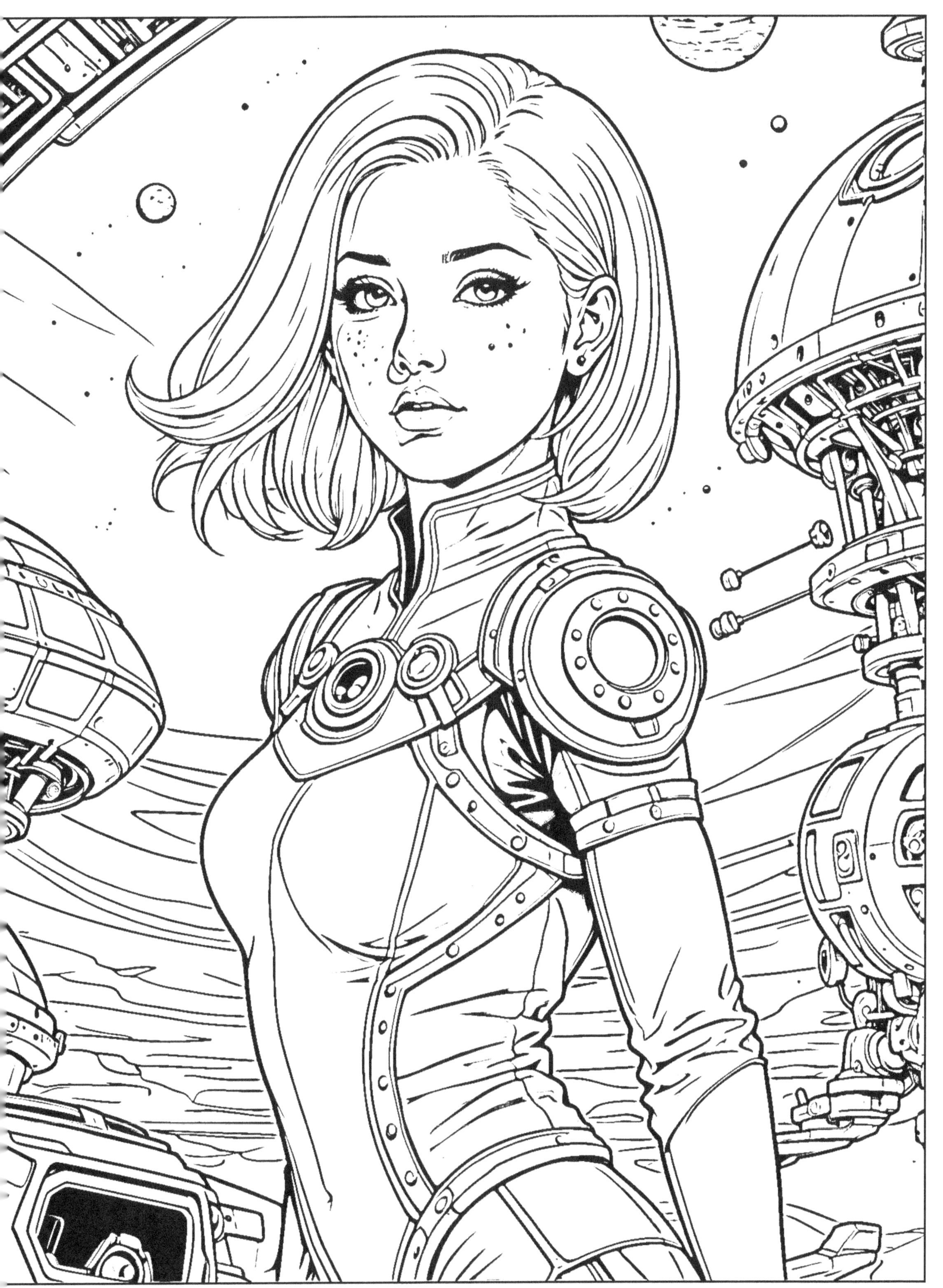

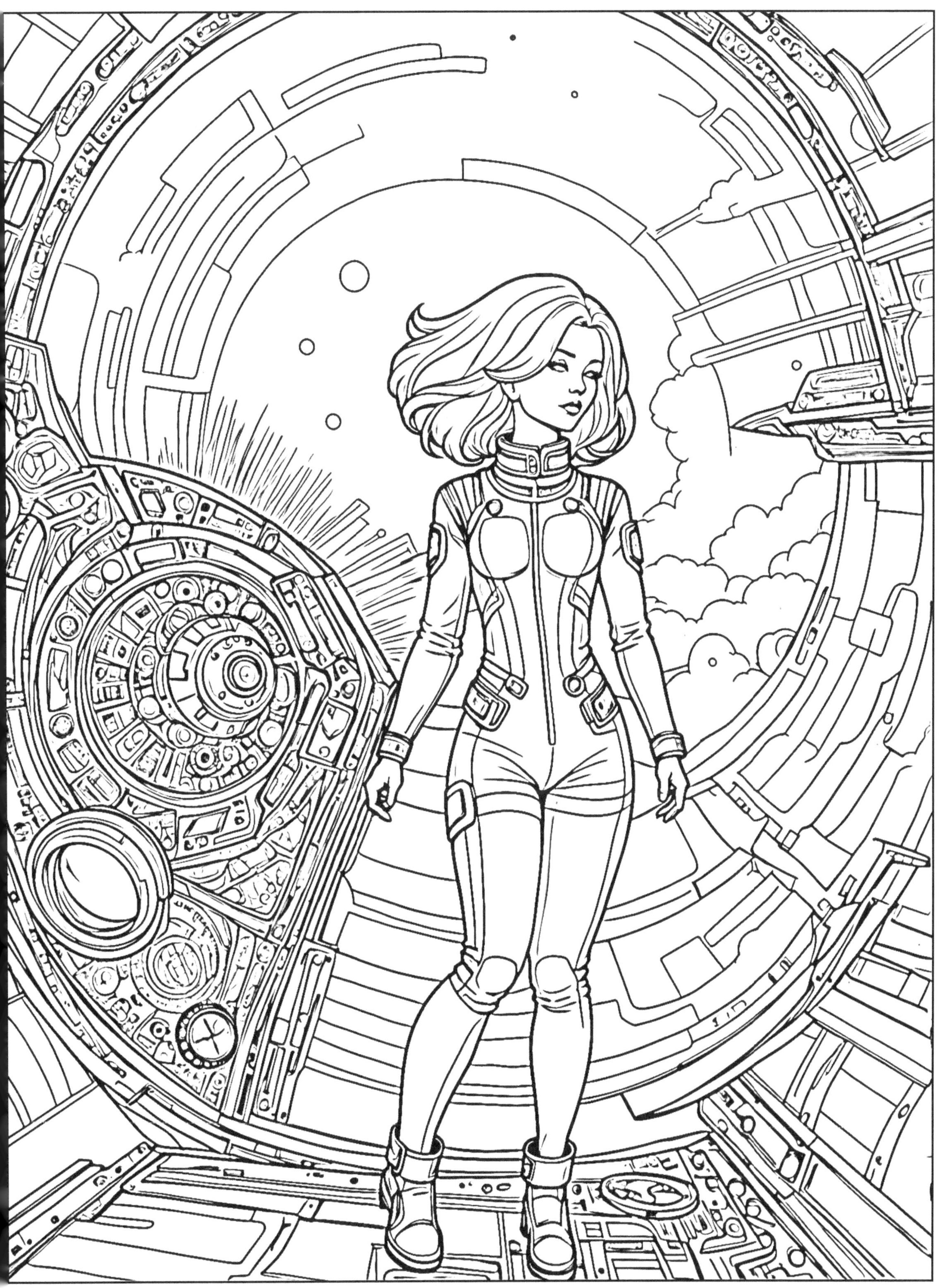

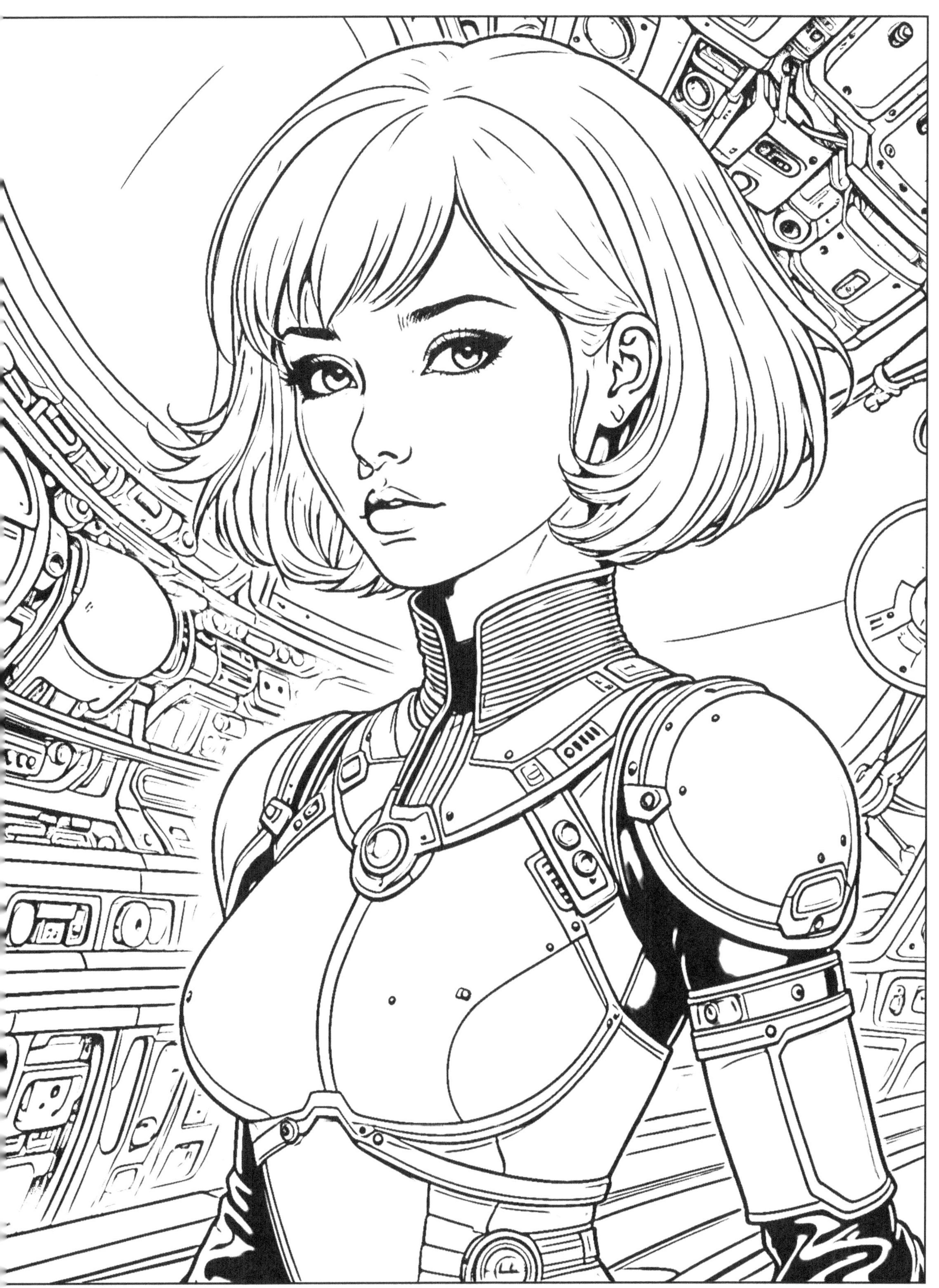

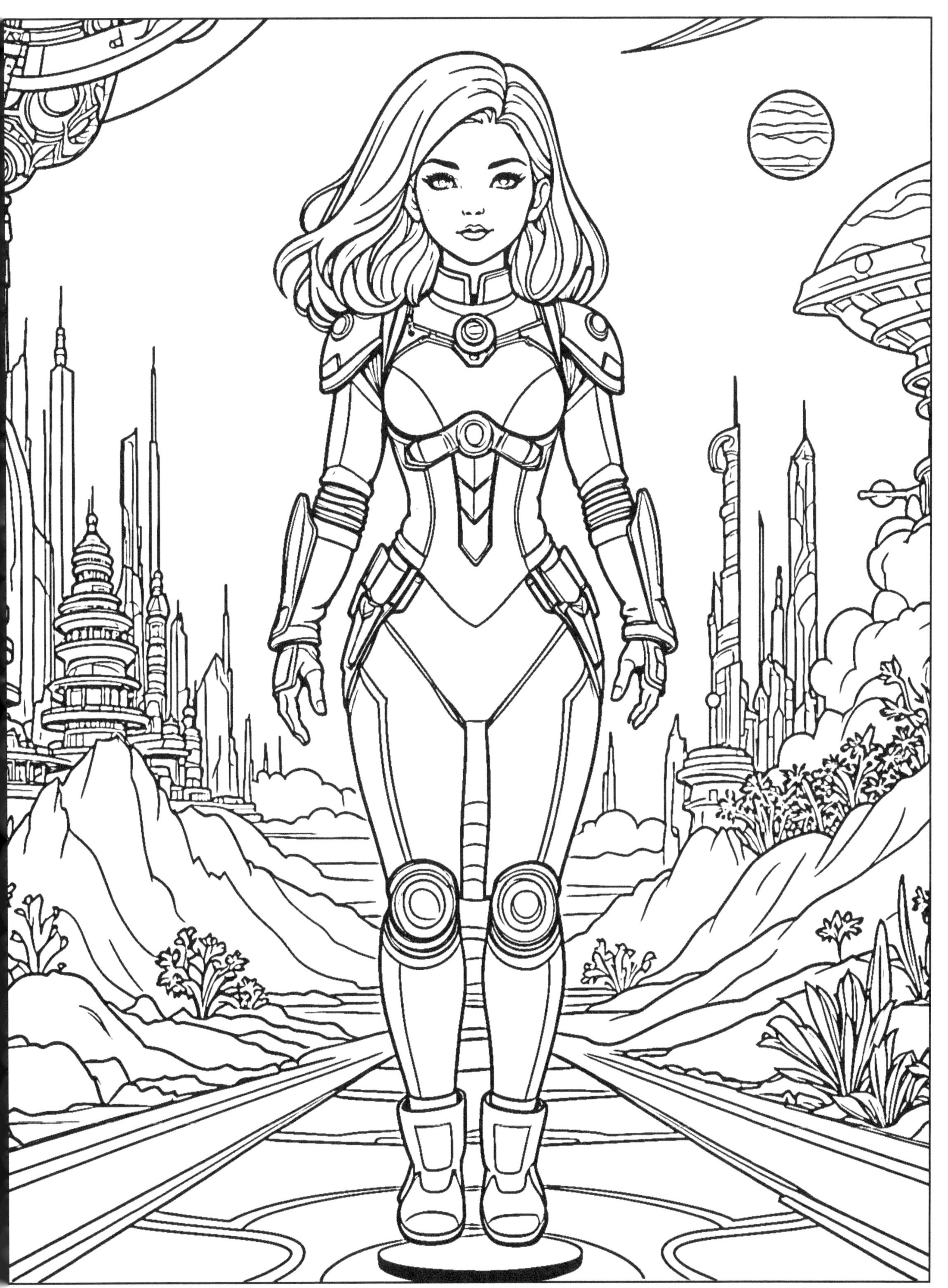

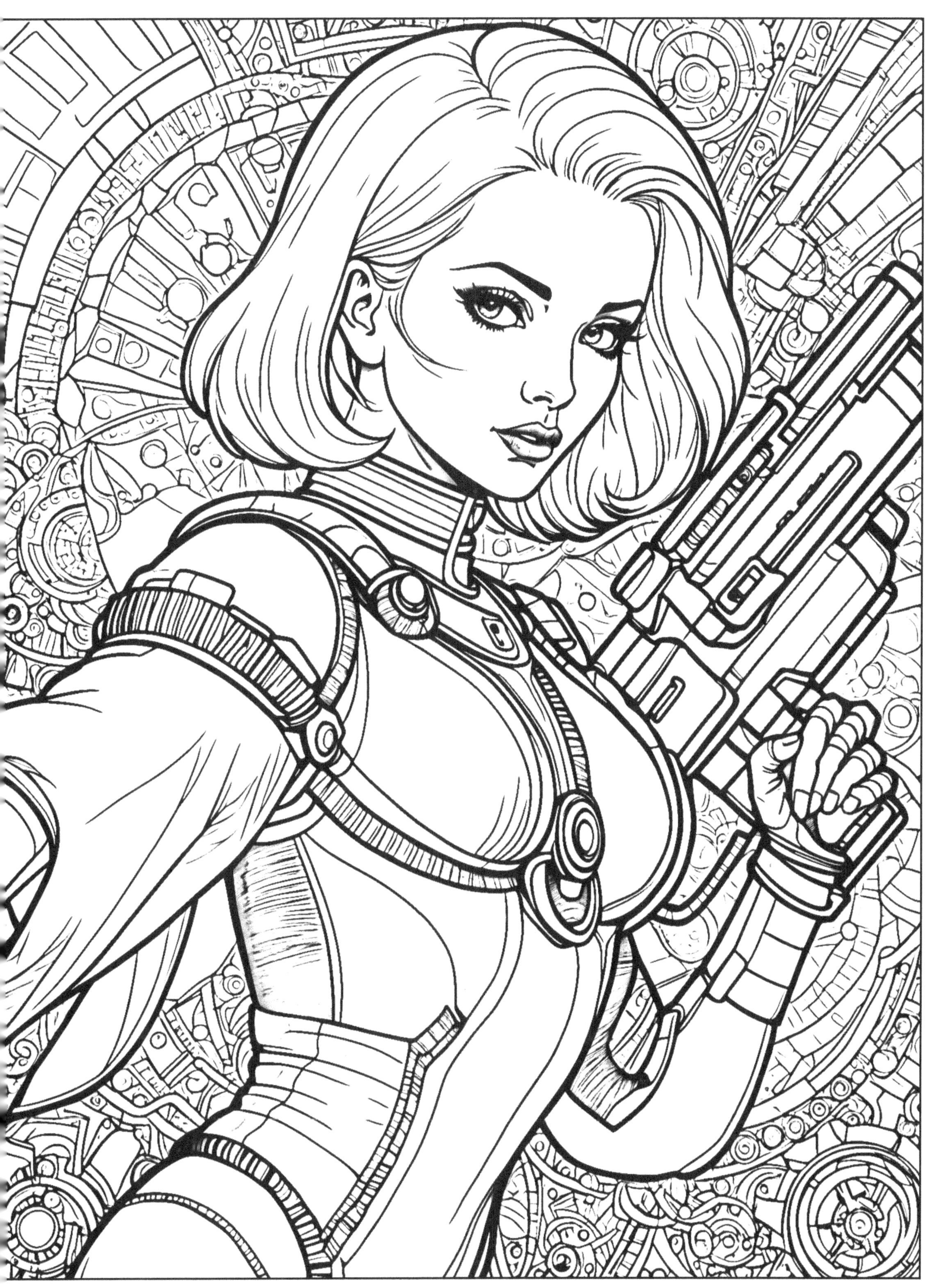

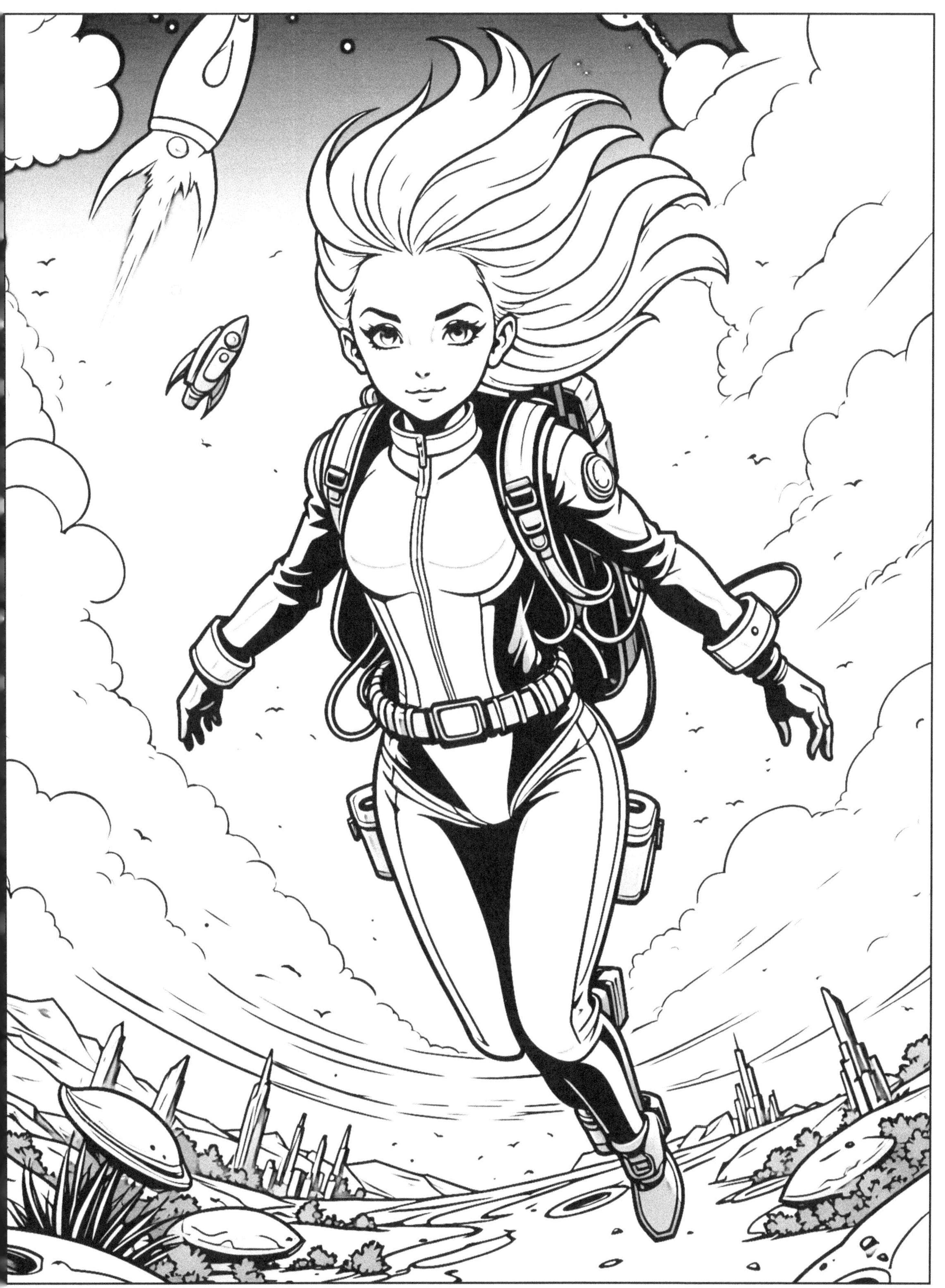

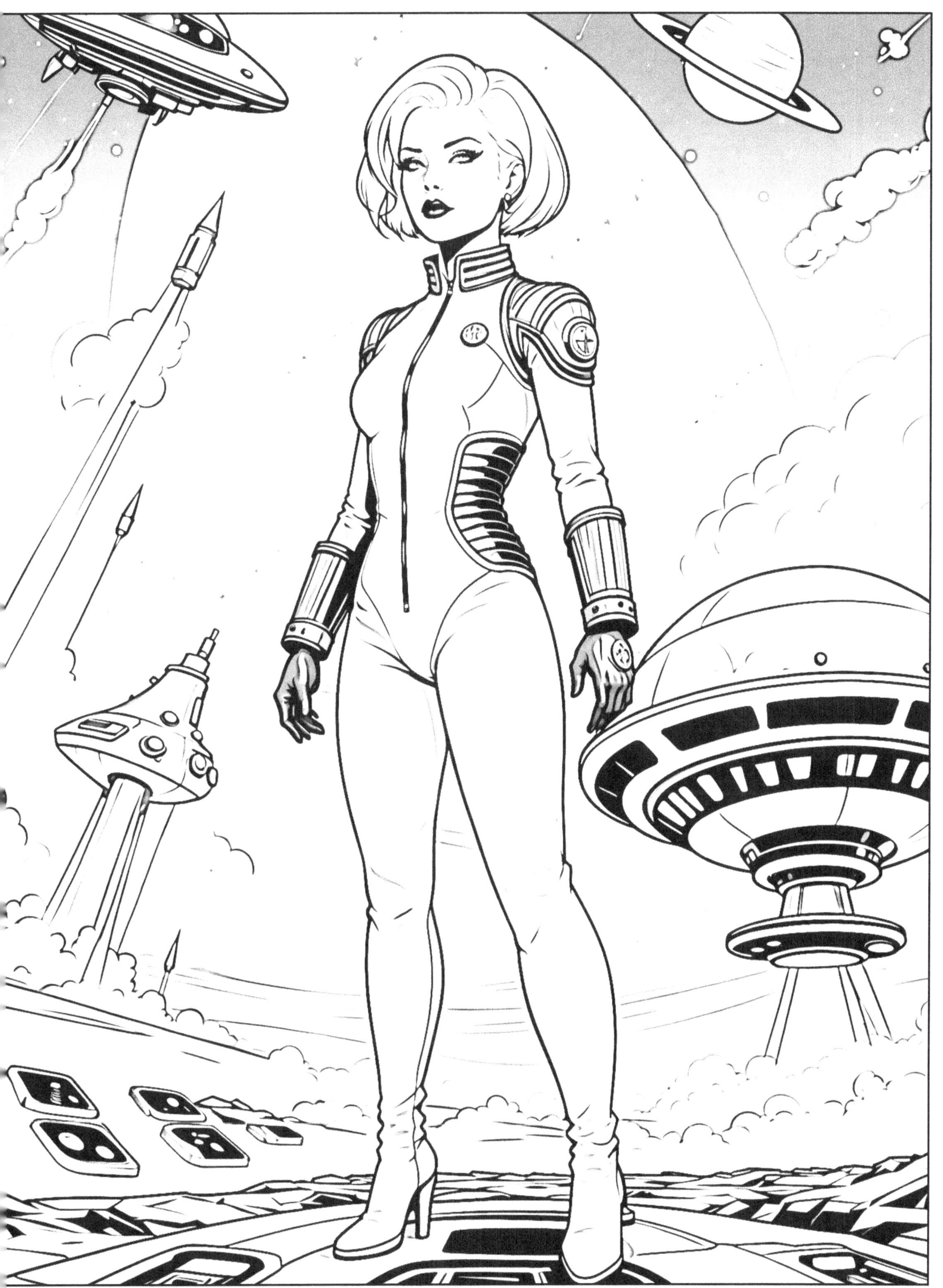

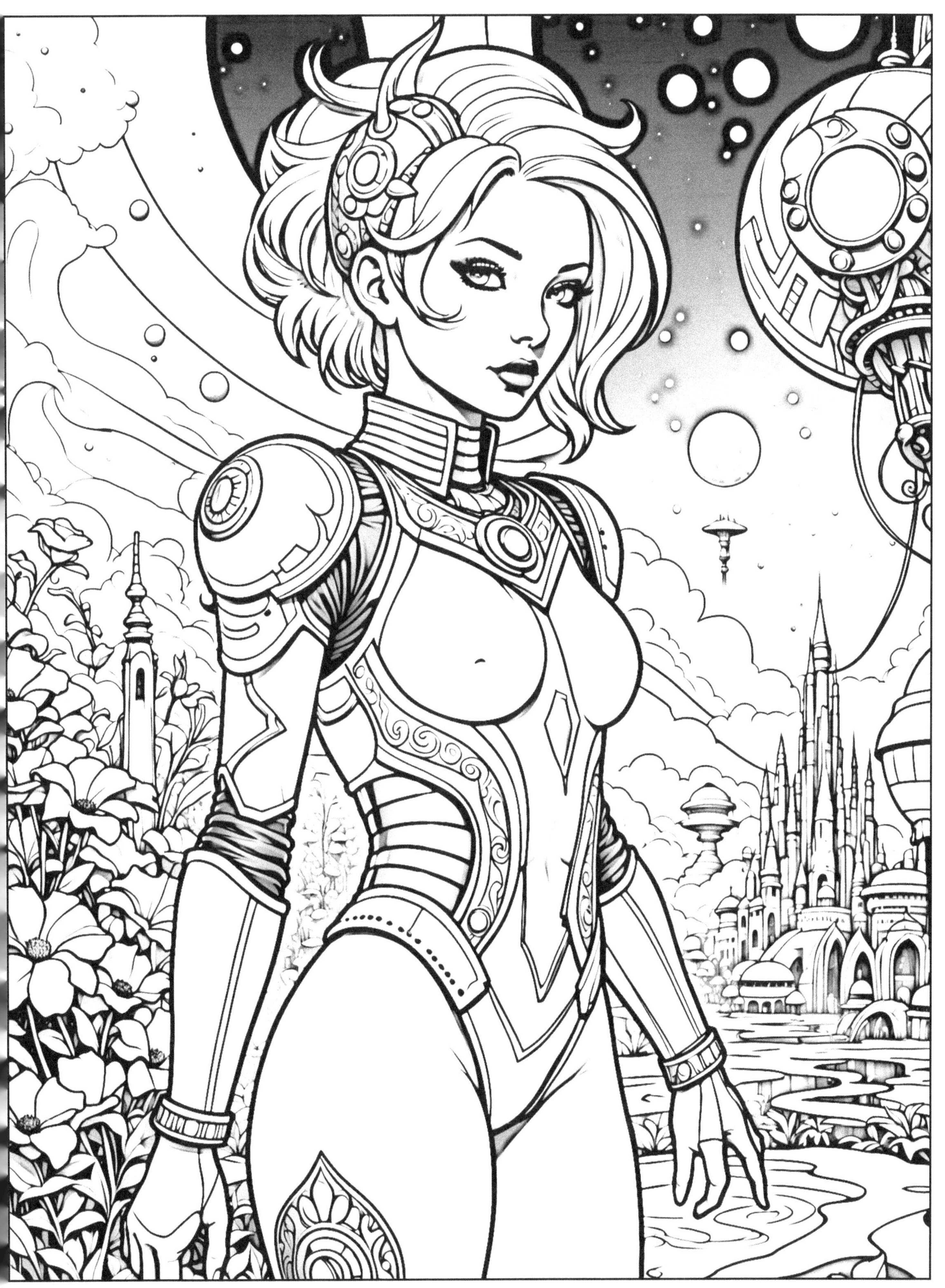

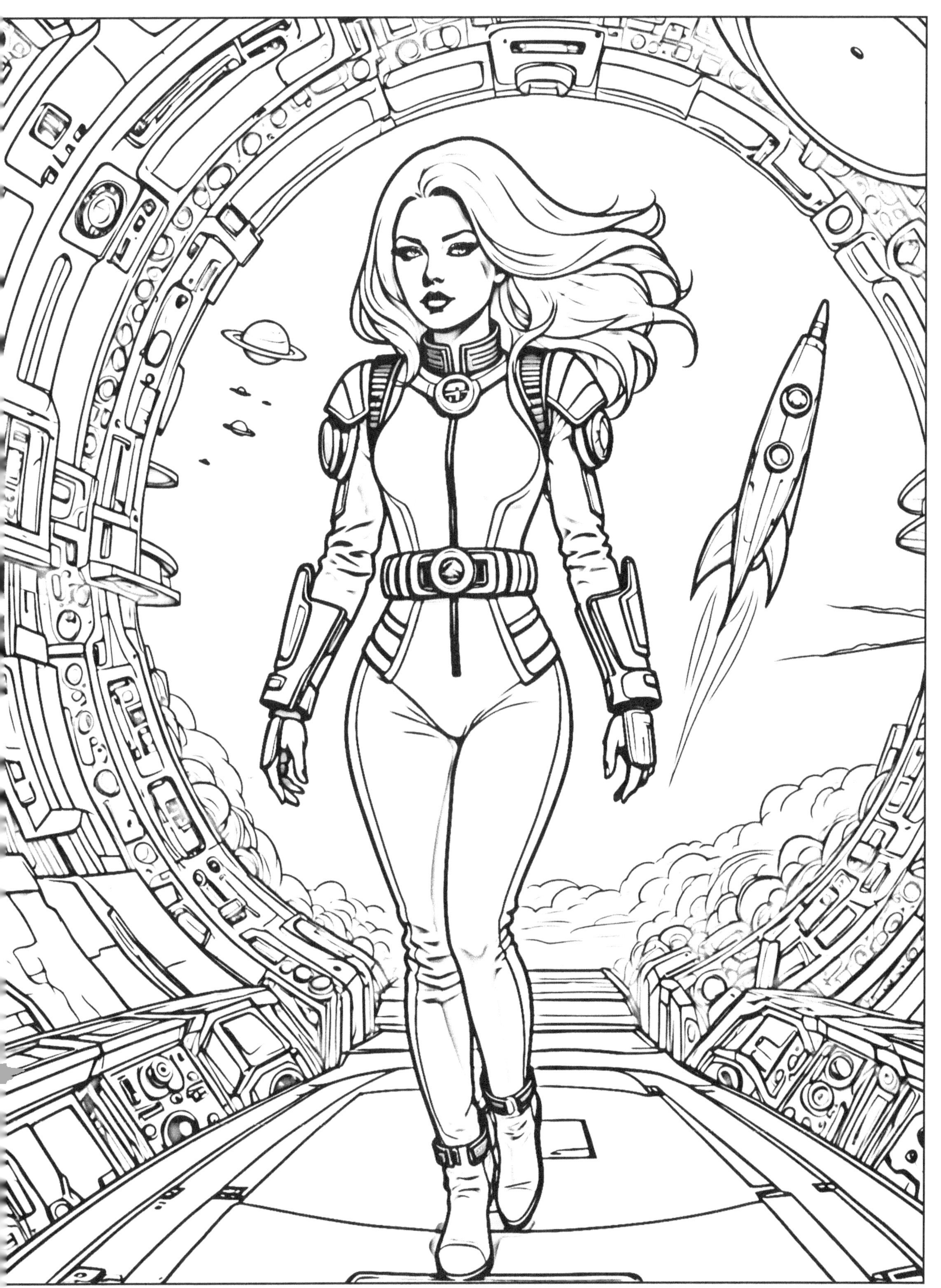

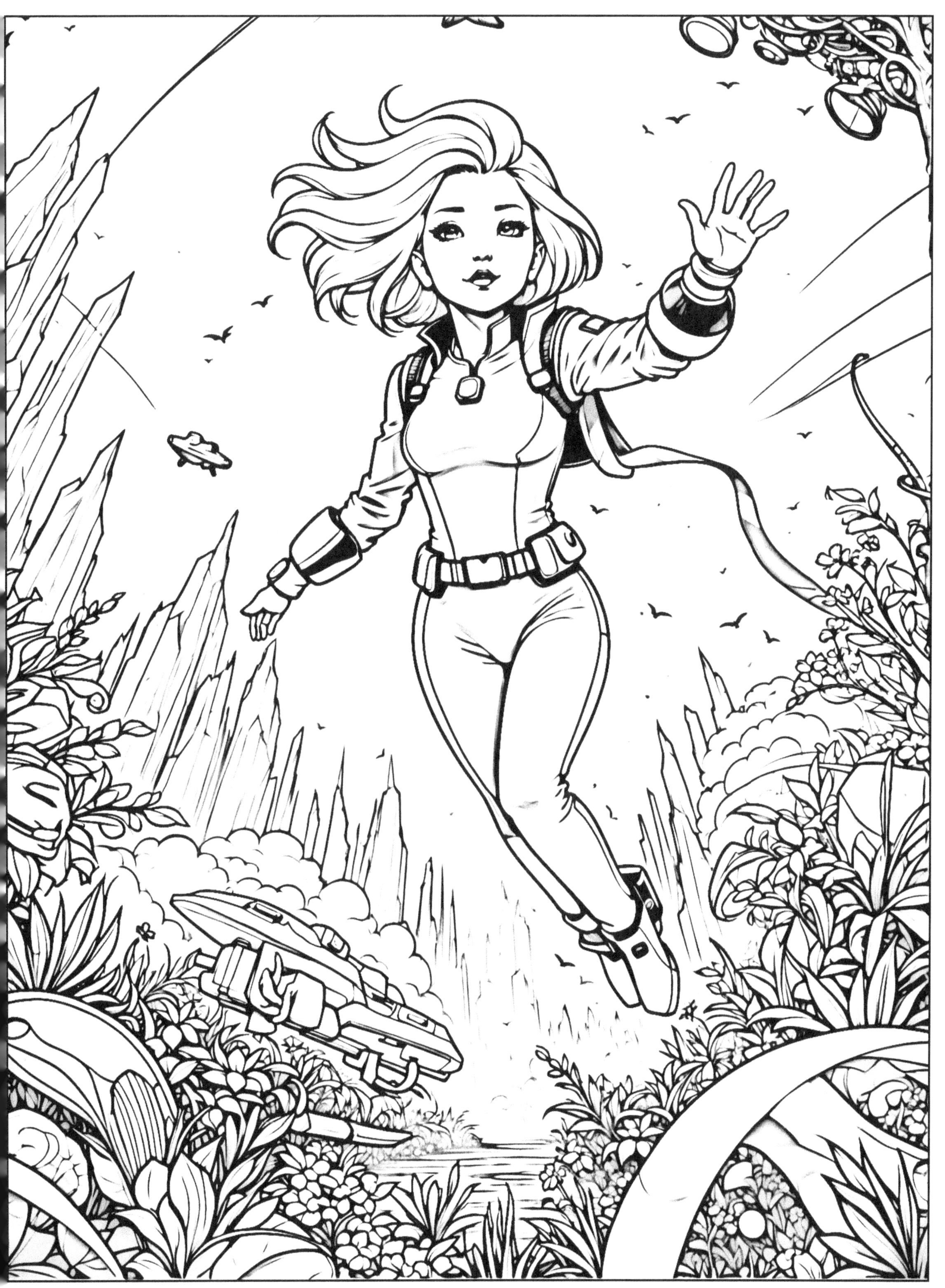

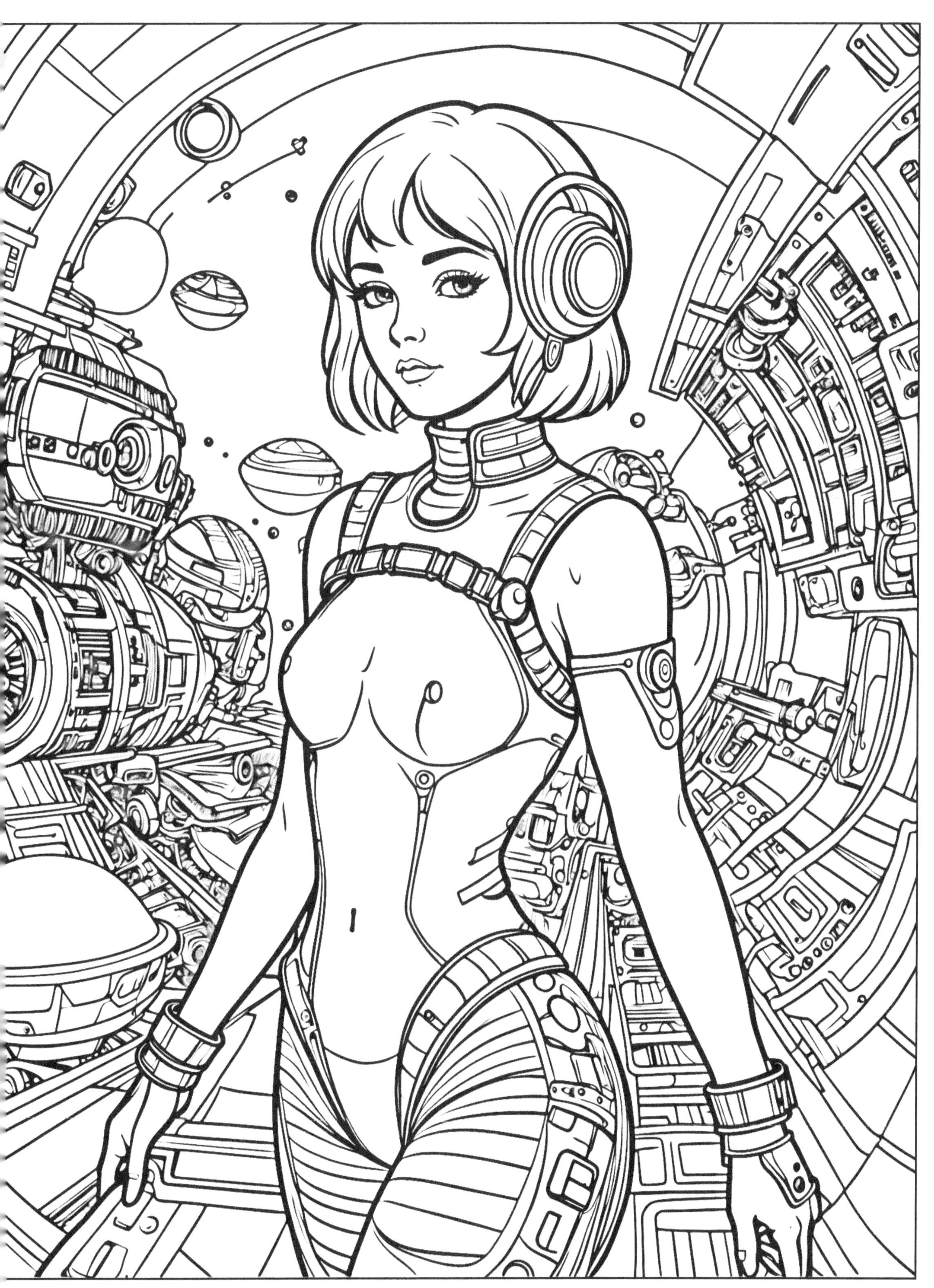

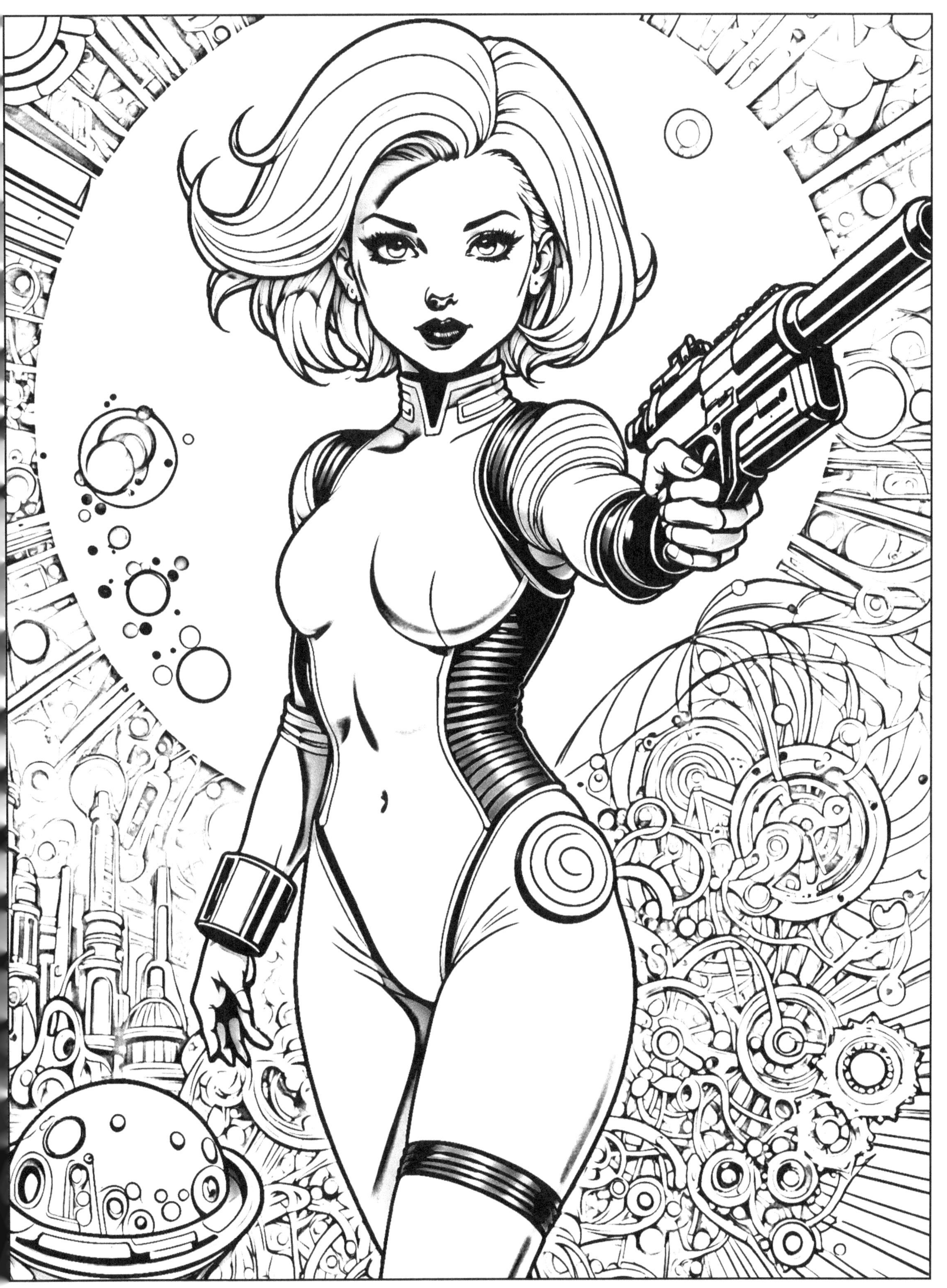

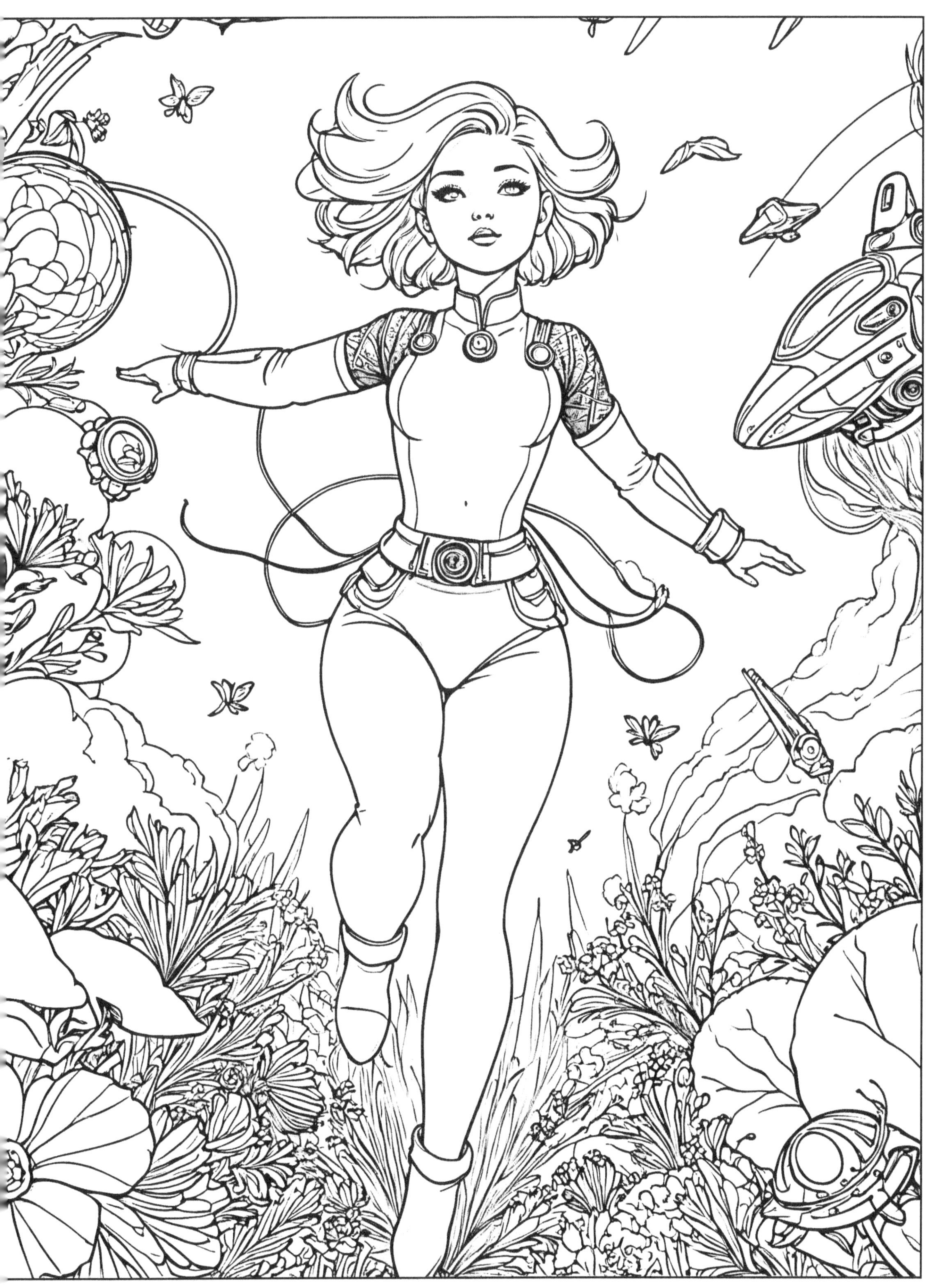

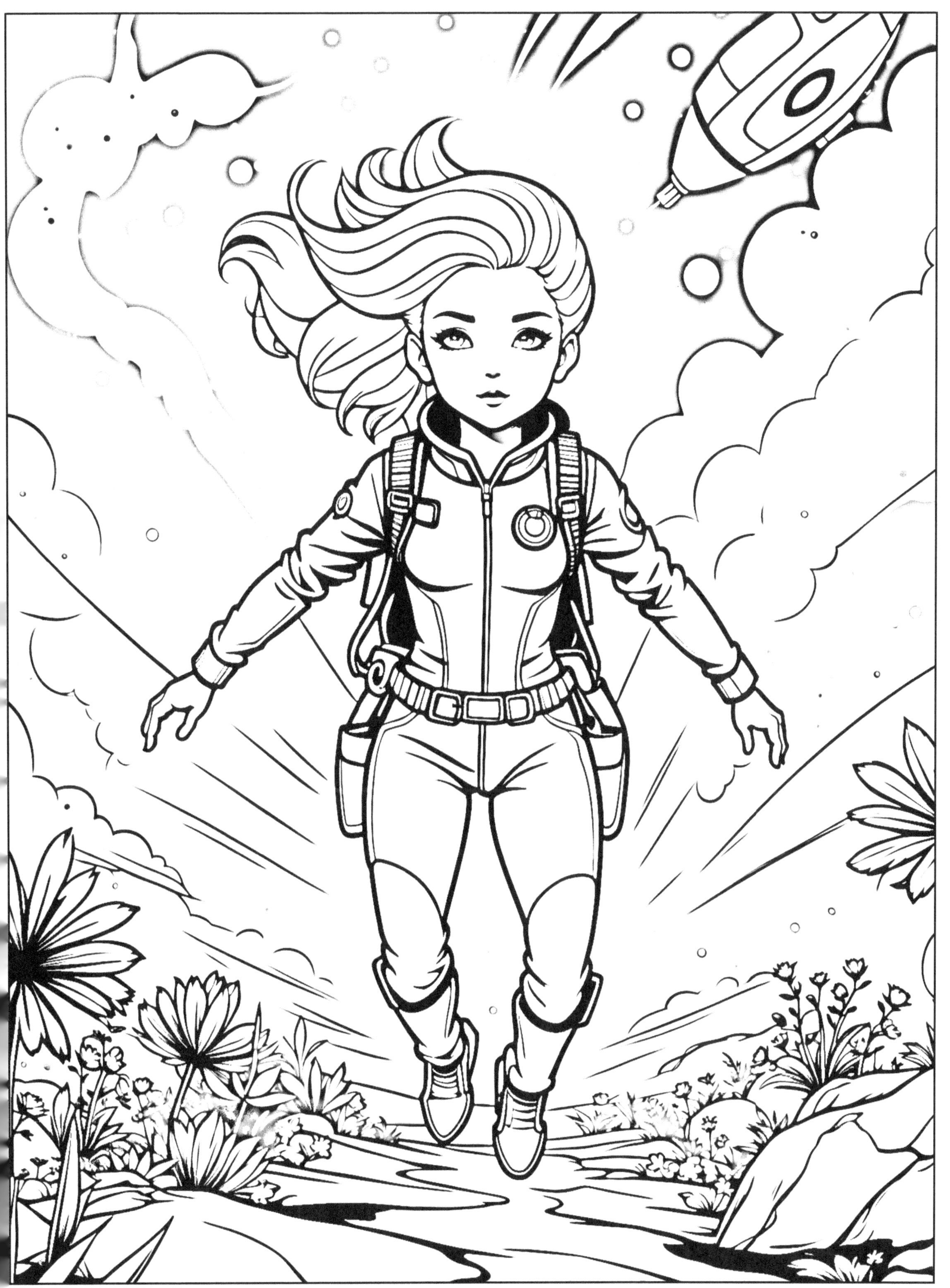

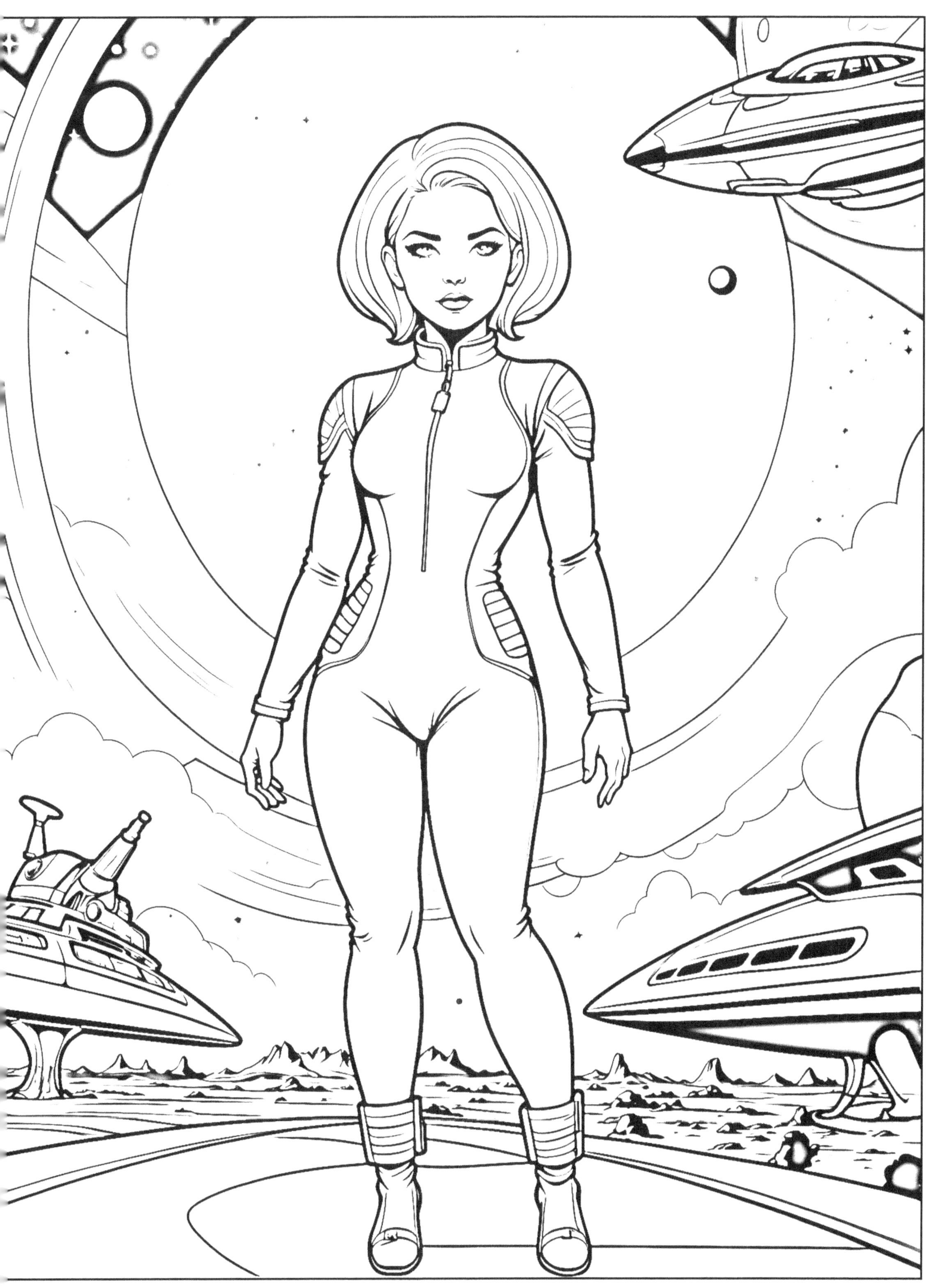

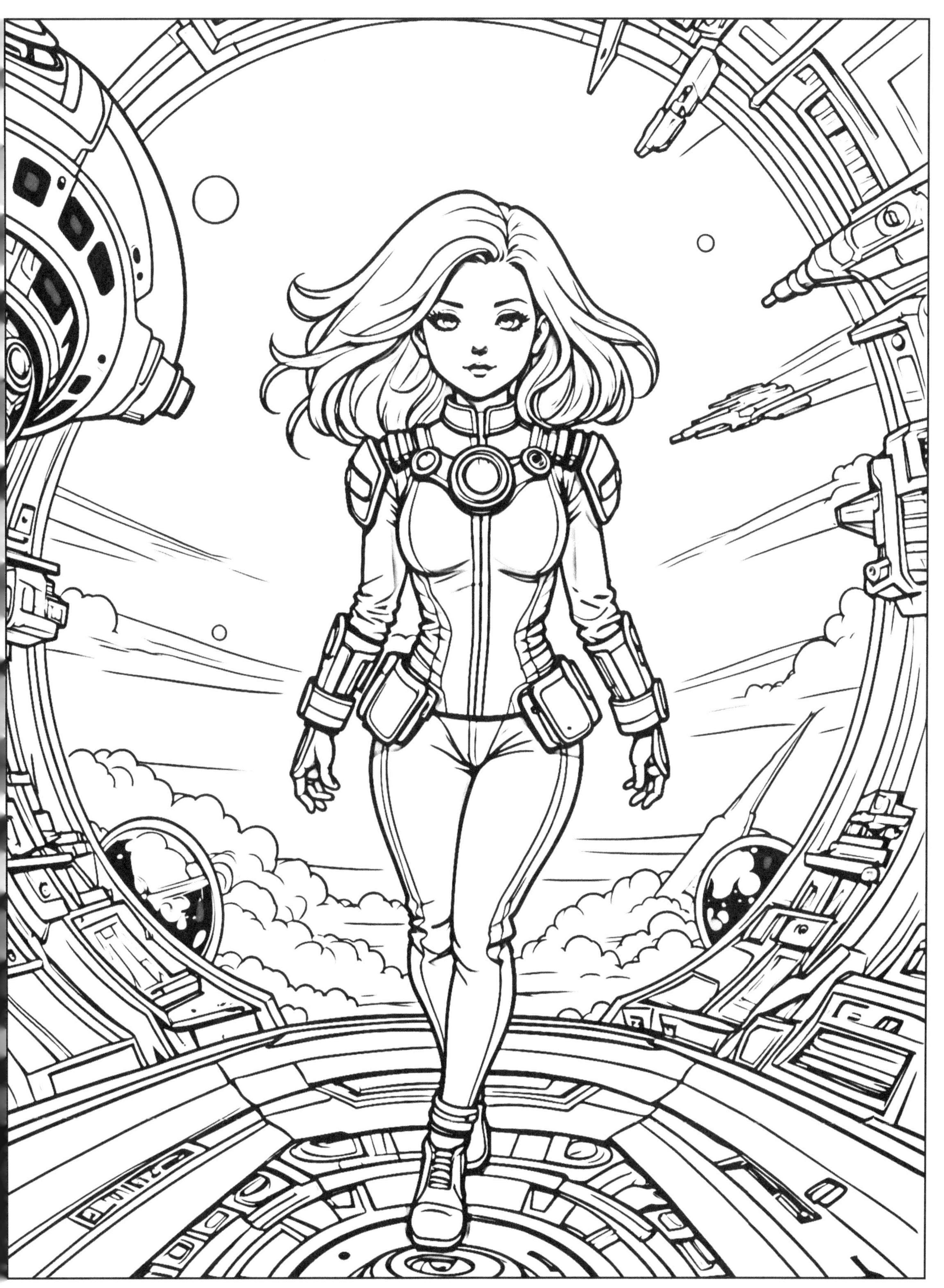

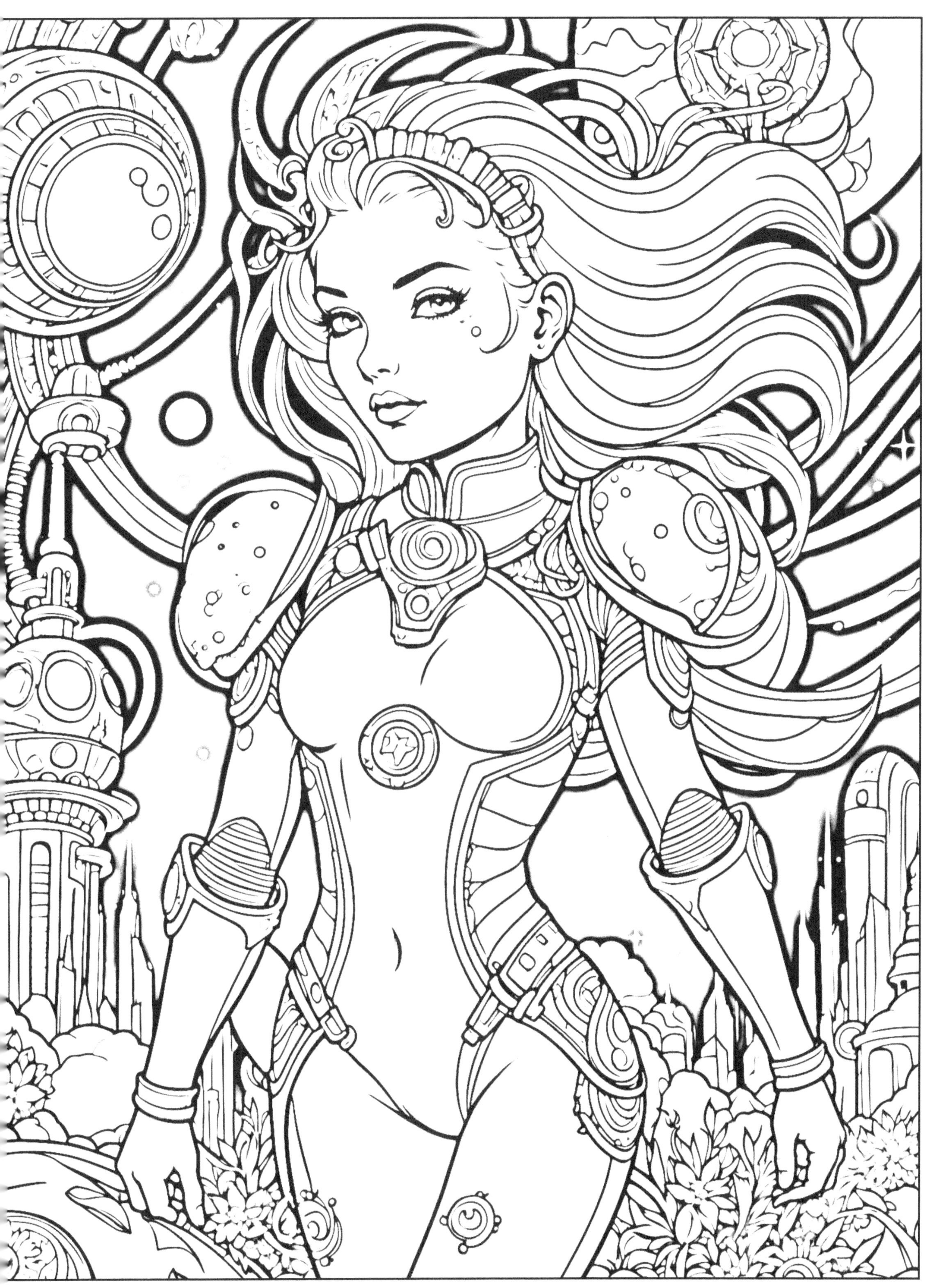

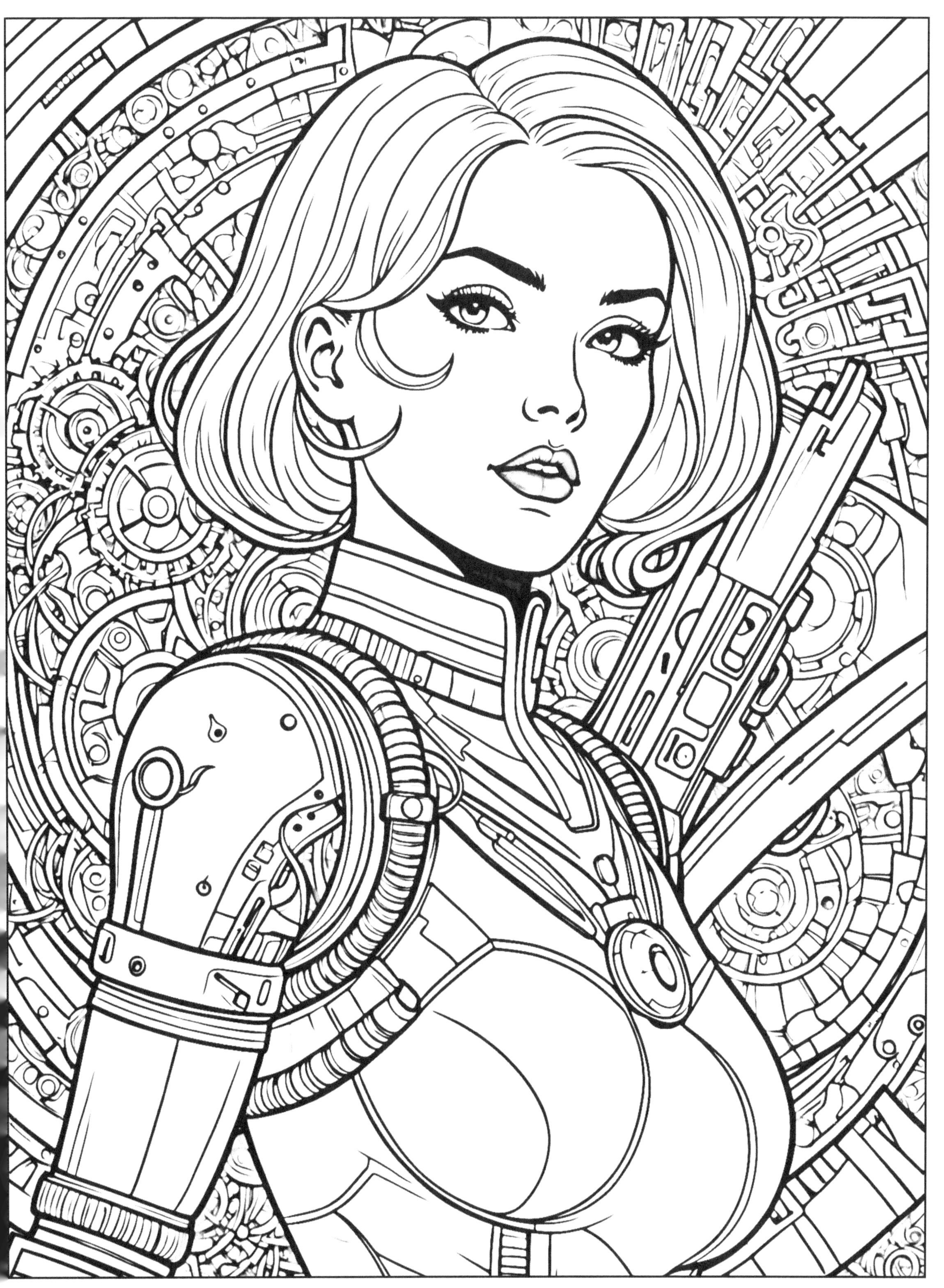

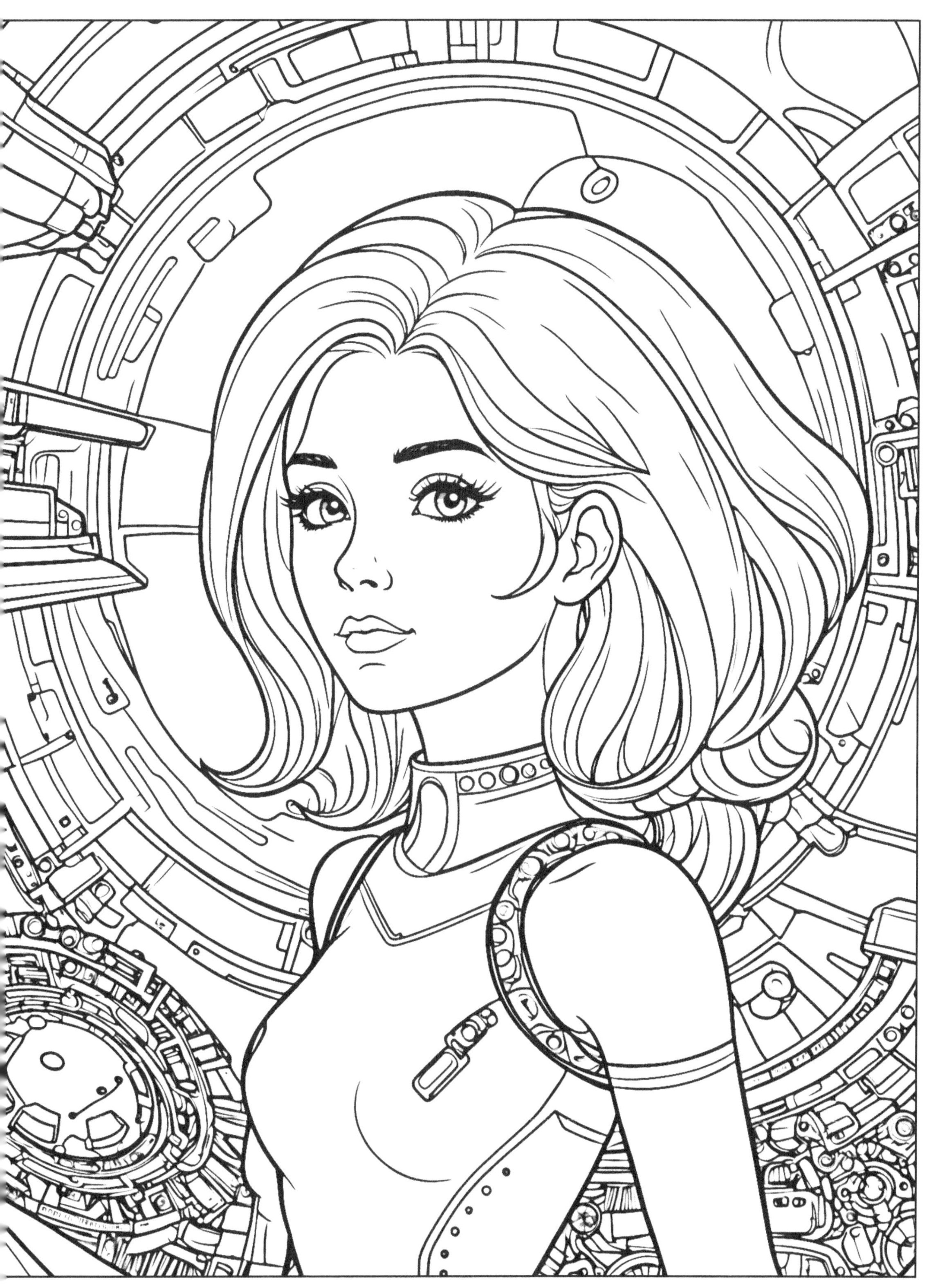

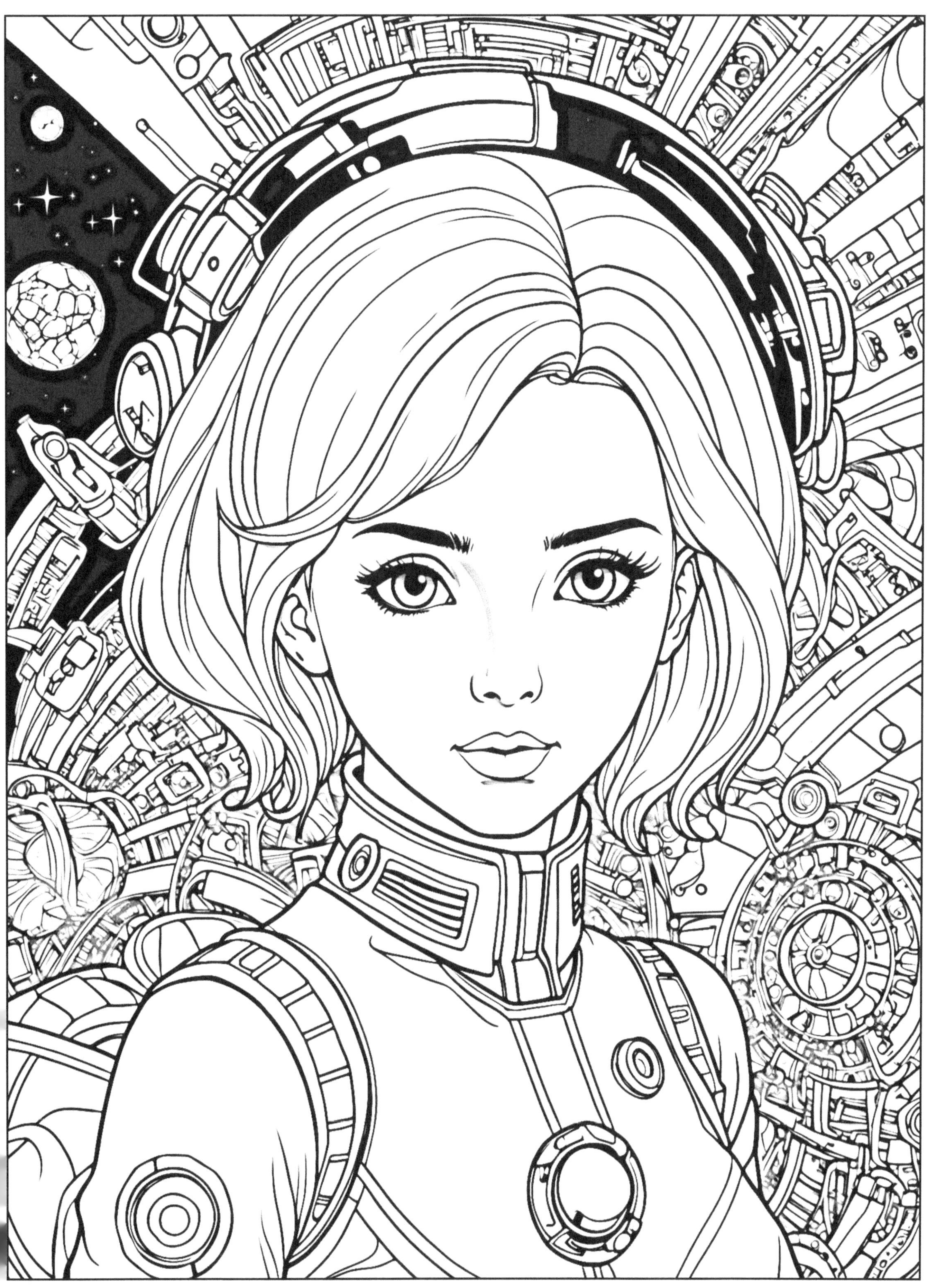

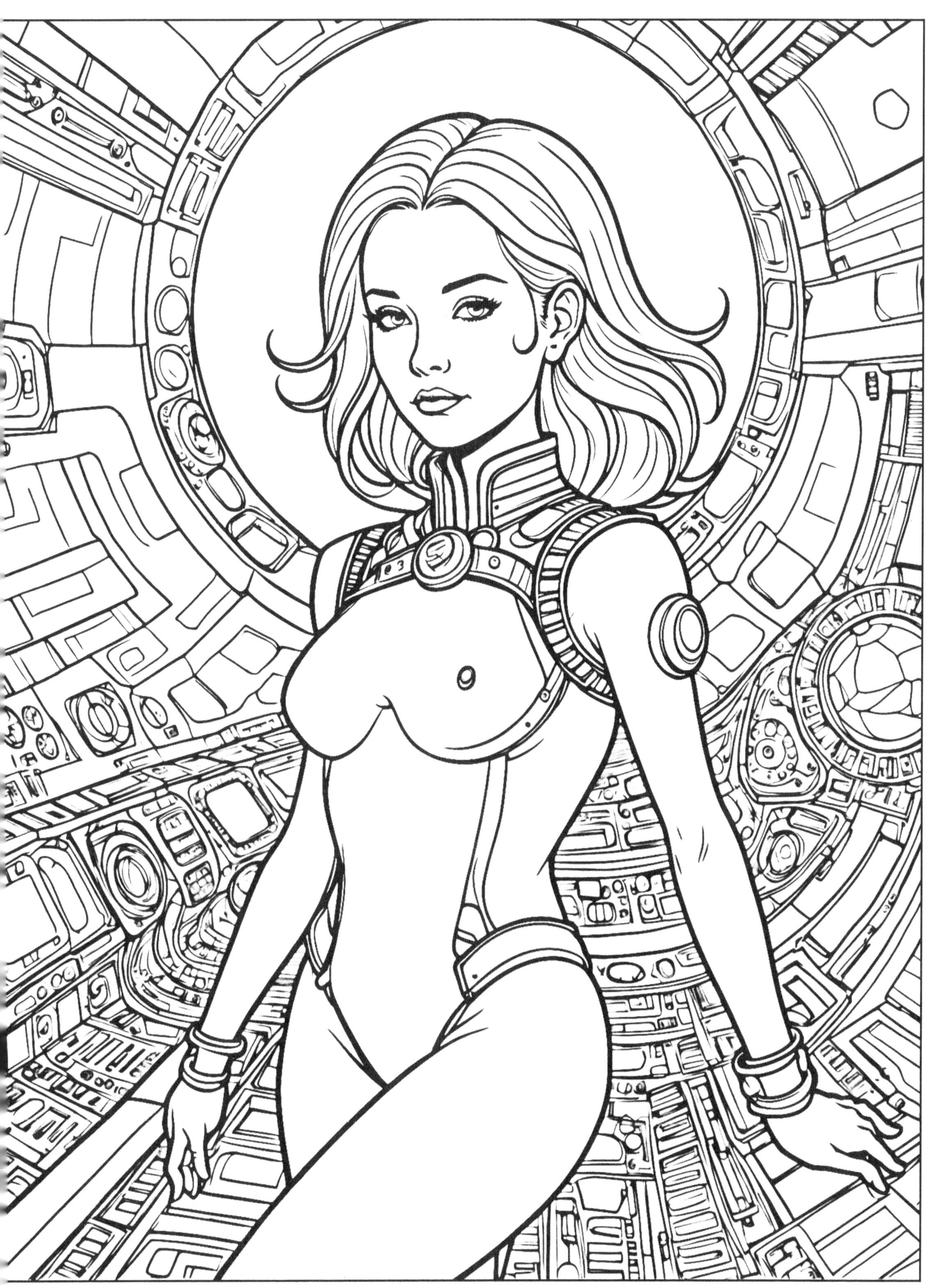

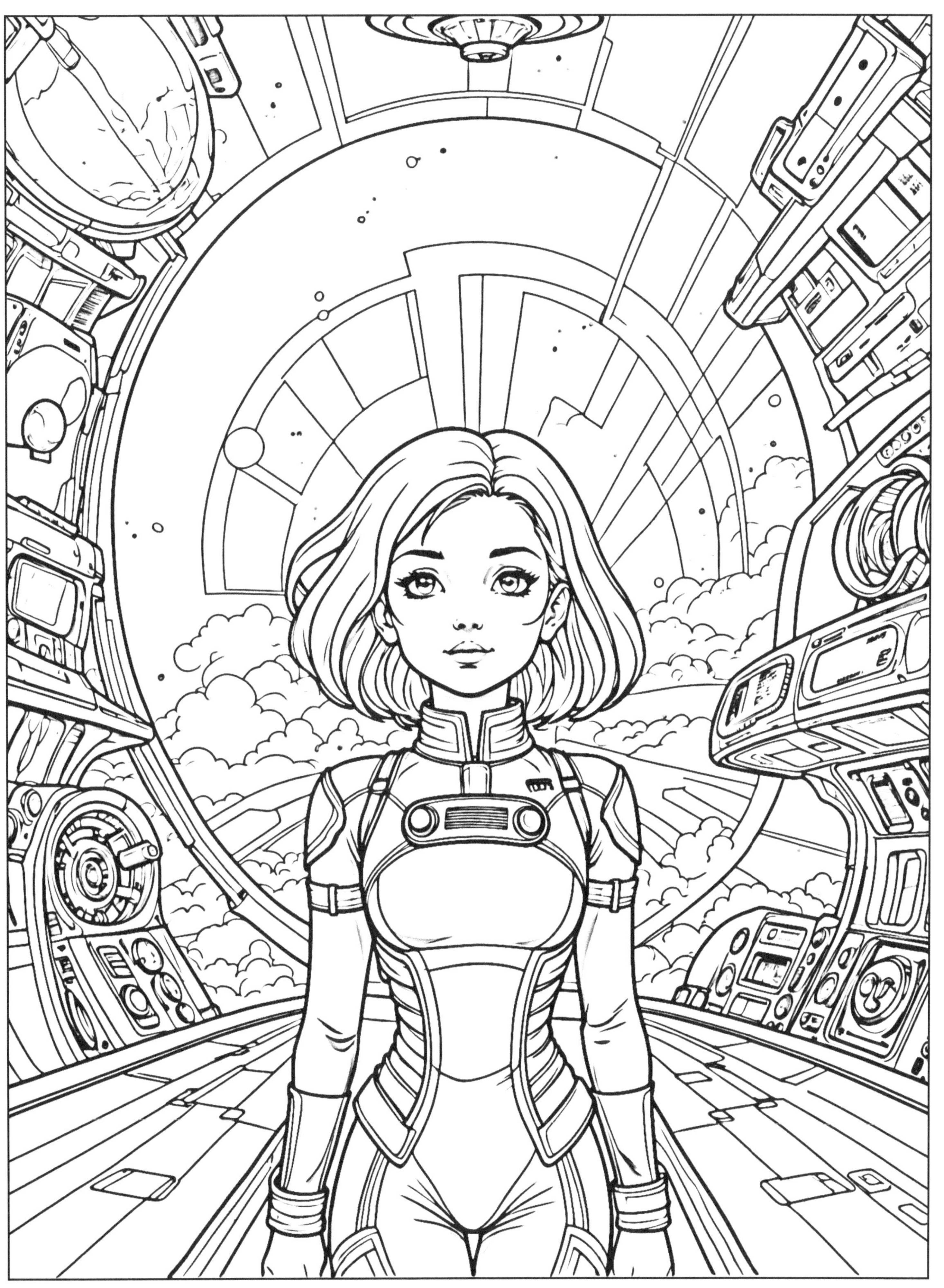